复杂环境下五层互通式立交桥施工技术与管理

——搬倒井互通立交

张军元　主　编

郭忠奎　于　坤　周　昆　副主编

人民交通出版社股份有限公司
China Communications Press Co.,Ltd.

内 容 提 要

互通立交是公路及城市路网的重要节点，是主要道路交通汇集、转向和疏散的重要场所。搬倒井互通立交是国内立交工程中为数不多的五层式互通立交。本书通过搬倒井互通立交施工与管理，结合理论研究与试验，从施工测量技术、桩基、桥墩、现浇梁、防撞护栏施工与施工管理研究，为我国大型立交工程积累宝贵经验。

本书可供公路与城市道路相关工程技术人员阅读参考。

图书在版编目(CIP)数据

复杂环境下五层互通式立交桥施工技术与管理：搬倒井互通立交／张军元主编. — 北京：人民交通出版社股份有限公司，2019.1

ISBN 978-7-114-15327-3

Ⅰ.①复… Ⅱ.①张… Ⅲ.①跨线桥—桥梁施工—施工管理 Ⅳ.①U448.17

中国版本图书馆 CIP 数据核字(2019)第 008744 号

Fuza Huanjing xia Wu Ceng Hutongshi Lijiaoqiao Shigong Jishu yu Guanli—Bandaojing Hutong Lijiao

书　　名：复杂环境下五层互通式立交桥施工技术与管理——搬倒井互通立交
著 作 者：张军元　郭忠奎　于　坤　周　昆
责任编辑：韩亚楠　赵瑞琴
责任校对：赵媛媛
责任印制：张　凯
出版发行：人民交通出版社股份有限公司
地　　址：(100011)北京市朝阳区安定门外外馆斜街 3 号
网　　址：http://www.ccpress.com.cn
销售电话：(010)59757973
总 经 销：人民交通出版社股份有限公司发行部
经　　销：各地新华书店
印　　刷：北京虎彩文化传播有限公司
开　　本：787×1092　1/16
印　　张：7.25
字　　数：137 千
版　　次：2019 年 1 月　第 1 版
印　　次：2019 年 1 月　第 1 次印刷
书　　号：ISBN 978-7-114-15327-3
定　　价：28.00 元

编 委 会

前言

Foreword

高速公路是交通运输现代化的重要标志,近年来,受国家宏观政策的影响,我国交通建设事业迎来了飞速发展阶段,截至 2017 年底,我国公路建设的规模和数量不断增加,高速公路通车总里程已超过了 13.26 万公里,位居世界第一。党的十九大报告充分肯定了交通运输行业五年来取得的辉煌成就,报告指出“高铁、公路、桥梁、港口、机场等基础设施建设快速推进。”报告明确提出“交通强国”战略。

高速公路是交通运输现代化的重要标志,而互通式立交则是高速公路必不可少的组成部分,高速公路互通式立体交叉(简称高速公路互通立交)是高速公路与高速公路或低等级公路的连接枢纽和节点,由于高速公路网密度逐渐加大,公路与地方道路以及高速公路与高速公路的交叉点数量也不断增多。互通式立交在高速公路中有着举足轻重的地位,它不仅能够实现车流转换的功能,而且是高速公路控制车辆出入、收费的重要设施,同时会在很大程度上影响到高速公路与低等级公路或者高速公路的连通。

1925 年,德国出现了世界上最早的互通立交——部分苜蓿叶形立交。1928 年,美国新泽西州修建了世界上首座全苜蓿叶形立交。在此以后,美、英、法、德、日本等国开始大量修建高速公路和互通立交,并且立交形式向多层次方向发展,并积累了丰富的修建经验。

我国修建互通立交起步较晚,最初的道路立体交叉是随着修建城市道路跨河桥而产生的。1964 年在广州市大北路建成第一座双层环形立交,1956 年湖北省武汉市修建江汉一桥时,利用桥头边孔供滨河路通过,建成我国第一座部分苜蓿叶形立交。进入 20 世纪 80 年代,随着改革开放和经济的发展,全国各地纷纷修建高速公路,并在高速公路上修建了大量的互通立交,其发展速度令世界瞩目。从整体发展阶段来看,我国的互通立交正在向形式简洁、功能齐全、线形平顺、流畅美观、施工方便等方向发展。

搬倒井互通立交为五层互通式立交，在国内立交工程中也为数不多。该项目包含2条主线，12条匝道，桥梁工程桩基共计402根，承台（扩大基础）258个，墩柱308个，桥台25个，现浇梁67联。路基工程挖方909987m^3，填方214166m^3。

本书主要介绍了搬倒井互通立交的施工工艺和管理方法。工程施工技术与管理水平是衡量一项工程水平的重要标志，在针对搬倒井互通立交工程中，采用了一系列新型施工技术与管理方法，进一步提高了工程的经济安全性。一个成功的项目离不开各项规章制度的制定与执行，离不开项目施工中各环节的安全质量动态管理和施工进程中员工人性化管理。搬倒井互通立交项目建设中高度重视项目各方面制度的建设，在制定、执行、完善等多个阶段做到了领导重视、全员参与，本书的目的也在于介绍高速公路互通立交的施工工艺与相关质量环境保护措施，总结经验，不断提高我国的互通立交建设水平。

编　者

2019年1月

目　录

Contents

第1章　概　　述

1.1　工程简介

京沪高速公路济南连接线工程地处济南市区东南部。线路呈东西走向,线路起点顺接南二环高架桥,西承济南市二环南高架桥终点,东至京沪高速公路港沟立交收费站出口,其他三面均与隧道相连。该项目为济南市重点工程,对于缓解济南市城市交通压力具有重要意义。

由中铁四局集团有限公司承建的搬倒井互通立交工程,主要包括桥涵工程和路基工程,其中桥梁总长度4120.1m,路基总长度5554.2m,包含1座东延主线桥、2座南延主线桥、12条匝道(A、B、C、D、E、F、G、H、SX、XX、ES、SE)和5道涵洞。

搬倒井互通立交为五层互通式立交,在国内立交工程中也为数不多。该项目包含2条主线,12条匝道,桥梁工程桩基共计402根,承台(扩大基础)258个,墩柱308个,桥台25个,现浇梁67联。路基工程挖方909987m^3,填方214166m^3,见图1-1。

图1-1　搬倒井互通立交效果图

1.2　工程修建重难点

1.2.1　跨二环南路现浇梁施工

既有南二环为济南市内最繁忙交通路线,采用门洞式满堂支架法施工,施工前编制好施工方案并通过审批后实施,做好支架设计的结构检算,实施前与交通主管部门进行沟通,并编制交通导行方案上报审批，保证施工不影响南二环交通；桥梁桥面宽度为渐变而且为从半径 90m 至 60m 过渡的曲线桥，桥面宽度尺寸和小半径曲线的线形控制是重点，测量工作坚持复核制的原则。

1.2.2　桥梁互通区域施工

本工程为五层大型互通立交，整个互通桥梁面积近 10 万 m^2，各匝道之间相互交错，线形较为复杂，相互位置容易混淆，各个墩位方向均不一致，测量工作尤为重要；且因工期紧，任务重，必须合理进行施工组织安排，防止互相干扰和延误工期情况发生。

1.2.3　深路堑爆破施工

爆破施工安全风险高[1-3]，施工前编制安全专项方案，对作业人员做好安全教育培训和安全交底工作；选择具有专业资质的爆破单位进行施工，且炸药等爆破材料要规范存放和使用，爆破施工做好人员和邻近村民的安全撤离工作。

1.3　工程施工技术与管理

工程施工技术与管理是衡量一项工程水平的重要标志[4]，在搬倒井互通立交工程中，采用了一系列新型施工技术与管理方法，进一步提高了工程的经济安全性。

针对搬倒井互通立交为五层互通式立交，各匝道之间相互交错，线形较为复杂，相互位置容易混淆，各个墩位方向均不一致，测量放线尤为重要的特点，采用 GPS(全球定位系统)和全站仪相配合测量放样点，GPS 和水准仪相配合测量高程的方法。该方法具有经济合理、安全快捷、高效、准确的特点，能满足现场施工生产的需要。

在桩基施工中，由于传统的泥浆循环系统效率低、施工成本高，泥浆池安全隐患大，现场文明施工较难控制，采用自制的泥渣分离设备将冲击钻施工过程中的泥浆及石渣进行分离，实现了降低施工成本、提高施工效率、降低安全风险及文明施工可控的目标。

搬倒井互通立交工程墩柱共计 308 个，桥台肋板共计 25 个，墩柱类型较多，外形尺寸不统一，在墩柱施工前，项目部在墩柱模板设计和浇筑工艺上进行优化，现场墩柱均采用一次浇筑成型，消除分段浇筑的施工缝，同时增大每节模板的长度，减少模板间的水平拼缝，确保墩柱的外观质量。

常规施工中现浇梁模板及模板支架拆装频繁，模板材料破损变形大，影响模板质量，周转次数少，浪费严重，不利于节能降耗，同时使用破损的模板易造成混凝土胀模、漏浆，混凝土成型质量得不到有效保证。在京沪高速公路济南连接线搬倒井互通立交工程现浇箱梁施工中，结合工程实际，对传统施工工艺进行了总结和创新，采用自制定型钢架代替钢管顶托作为箱梁外侧模和翼板底模的支撑，形成了一套简单、高效的模板支撑体系。

搬倒井互通立交工程的防撞护栏线形多变复杂，为解决小半径曲线防撞护栏线形难控制的问题，通过对护栏模板的优化，采用小节段非对称模板进行施工（消除内外弧差）。该方法有效地解决了模板间拼缝不均匀，线形不顺畅等外观质量问题。

在施工管理中，采用 BIM（建筑信息模型）技术手段提高技术人员工作效率，减少施工管理难度；采用轮值安全制度、首件制和三检制，利用危险源动态识别、现场质量曝光等手段提高安全生产质量，确保施工质量和安全。

第 2 章　施工测量技术研究

2.1　施工测量技术研究目的

市郊近山区互通立交工程因其施工交叉作业多,施工环境复杂,地势高低起伏变化大导致施工组织、施工顺序复杂,施工难度大[5]。

施工测量技术研究的主要目的是寻求一种针对市郊近山区互通立交工程施工测量的技术方法,在传统的测量方式方法上进行创新与改进。该方法具有经济合理、安全快捷、高效、准确的特点,使其能满足现场施工生产的需要。

2.2　测量仪器的比选

2.2.1　全站仪

对于施工放样,一般采用全站仪来完成,在互通立交这种比较复杂的施工环境下使用全站仪放样有以下缺点:

(1)放样速度慢。对于互通立交来说放样点位多,不通视是常见问题。在放样前需确定立站点,建站时间长是影响和制约施工进度的因素。

(2)占用人力多。全站仪放样至少需要 2 人才能进行。对于互通立交这种复杂工程进行大面积、多点位同时施工时,人力的节约与利用就显得尤为重要。

2.2.2　GPS

GPS 在使用中有以下特点[6-7]:

(1)放样速度快。GPS 在放样前,只需要进行建站就可以进行使用[8]。不用考虑仪器放样的通视和测量的距离问题,放样前将所需坐标或线路元素输入仪器中就可以进行操作。这种放样优势在路基施工中表现得尤为明显。

(2)占用人力少。GPS 施工从架设基站、建站,再到放样只需一人就可以完成。节约了大量的人力。

经比较在复杂环境中使用 GPS 放样比使用全站仪放样有很大的优势。不需通视,放样距离长,受地势起伏影响小。

2.3 研究主要测量内容

本项目主要研究 GPS 应用和全站仪相配合测量放样点,GPS 和水准仪相配合测量高程。

由于互通立交线路交错复杂,箱梁宽度、圆曲线、缓和曲线以及竖曲线较多,为更好控制箱梁顶面高程及平整度,采用 GPS 中的道路放样功能。

为了各匝道之间的顺利衔接,针对现场控制点每半年进行复测一次,由于互通立交施工点面较为密集,控制点之间无法正常通视,利用 GPS 的静态功能对控制点位进行复测,并且确保精度。

2.3.1 控制点布设

(1)要控制点在能长期保存、便于施测及坚实、稳固的地方。

(2)相邻导线点之间控制点要布设在结构物两侧并进行加密,避免后期结构物施工造成导线点之间的不通视。

(3)导线点要选在地势较高,视野开阔的地方,以便于加密和施工放样工作。

(4)水准点要沿结构物两侧布设,要布设成附和水准路线节点网或环形网,如图 2-1 所示。

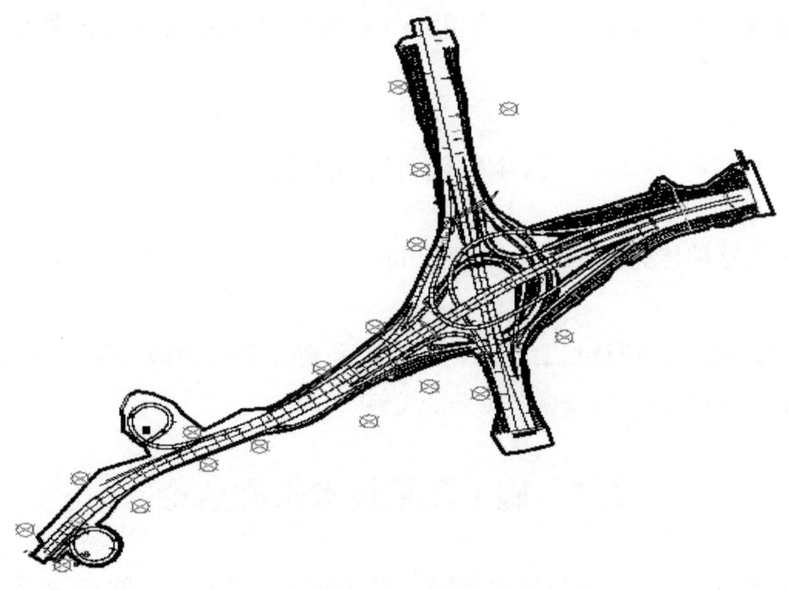

图 2-1 控制点布设图

2.3.2 GPS 应用和全站仪相配合测量放样点

现场点位多,地势复杂,施工作业面多,全站仪不能满足施工生产的需要,这时需要与 GPS 相配合进行施工、扩基,承台开挖前可以使用 GPS 进行角点放样、开挖深度的测量交底工作。

放样后进行结构物宽度、长度的复核,复核无误后进行开挖。

使用GPS道路放样程序可以高效快速地对路基进行放样,互通区路基多为弧线形,全站仪放样点位多、测量时间长,使用GPS测量可以准确快速地确定高程从而计算、放样出路基开挖边线和开挖深度。同样可以确定路基填筑边线、填筑宽度和填筑方向。从而保证施工的准确性和施工效率。

对于现浇梁、桩基、墩柱点位放样和路基填挖方交验放样,使用全站仪。虽然GPS在使用过程中完全可以满足施工生产的需要,但是客观上GPS受到人为因素影响会比全站仪要大,对于上述结构物而言需要精确放样保证线形的流畅,就要避免这种人为因素的影响,因此需要使用全站仪来进行最终放样。

2.3.3 GPS和水准仪相配合测量高程

现场现浇梁施工需要进行满堂支架搭设,在地基处理完成后支架搭设前由技术人员进行支架点位放样和搭设高度的交底,这时可以使用GPS进行。GPS的高程误差很小,可以满足施工需要,待铺设模板后再使用水准仪进行最终高程确认。这样配合使用可以快速高效地满足施工生产的需要。

路基施工前需要进行开挖线和坡脚线的放样,使用GPS进行放样可以同时满足位置和高程的需要,保证施工的准确性。同时使用GPS还可以随时对路基进行宽度、高程、线形的复核。

2.4 技术实施效果

经实践检验,这种传统测量配合GPS使用的方式,不但减少了测量的烦琐工作,还大大缩短了施工工期。

本项目现浇梁施工比原计划工期提前了三个月,除了科学的施工组织、高效的施工管理,还和项目运用新型测量办法有着密不可分的关系。

2.5 施工测量技术研究结论

运用GPS、水准仪和全站仪相配合的施工测量方法能够满足工期、成本等多个方面的要求,是一种科学高效的施工测量方法,尤其采用这种方法对路基施工来说是把测量变得更简便、高效。在后续的互通立交施工过程中,值得全面推广应用。同时,该测量方法仍有许多需要总结完善的地方,可在后续的工程实践中进行深入的研究与分析。

第3章　桩基施工技术研究

3.1　桩基分类概况

桩基按照受力情况分为摩擦桩和端承桩两种形式。搬倒井互通立交位于山区(四面环山),全线桩基共计402根,均为嵌岩桩(端承桩)。

3.2　桩基施工研究背景

在岩层地质钻孔施工中,冲击钻施工是一种常见的施工方法[9]。搬倒井项目桩基钻孔全部运用冲击钻施工法,在施工中,采用传统的泥浆池循环系统,具有效率低、施工成本高、泥浆池安全隐患大、现场文明施工较难控制等缺点,这些不利因素,为施工正常推进,带来了很多困难。

3.3　桩基施工工艺原理

3.3.1　传统冲击钻施工泥浆循环

冲击钻钻进成孔时,传统的泥浆循环为正循环,由泥浆泵将泥浆通过软管压入孔底的方式进行清孔,当泥浆相对密度较大时该种清孔方式时间较长,原因在于部分泥浆内的石渣未充分沉淀,导致部分石渣流入孔内,从而加大了清孔的时间[10],参见图3-1。

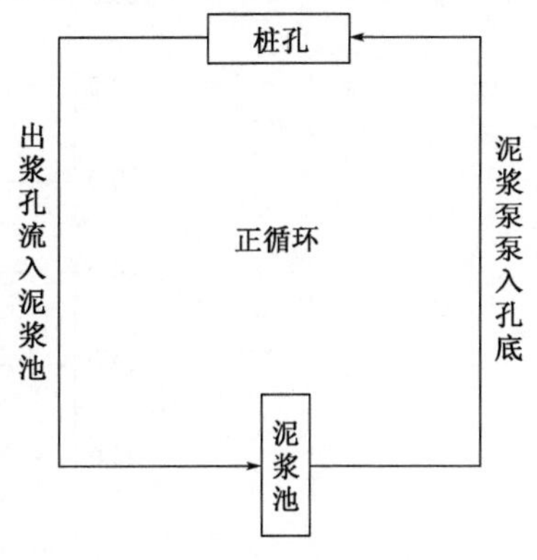

图3-1　正循环流程图

3.3.2　自制泥浆分离设备技术应用效益分析

京沪高速公路济南连接线一标段,桩基共计402根,采用冲击钻施工,施工计划工期为7个月,通过前期的调查及成本测算,冲击钻施工时采用自制泥浆分离器进行泥浆的分离循环再使用,经济效益可观。项目对租赁泥浆分离器、传统的泥浆池循环;与自制泥浆分离器进行了方案比选,具体分析如下。

(1)租赁泥浆分离器

根据市场调查,租赁一台泥浆分离器约 8000 元/月,桩基的施工计划工期 7 个月,计划投入 10 台泥浆分离器,每台泥浆分离器所需费用见表 3-1,则总计费用:8000 元/台 · 月 ×10 台 ×7 月 +402 根 ×804 元/根 =883208 元。

租赁一台泥浆分离器所需费用　　表 3-1

项　目	租赁费用(元/月)	维修费用(元)	石渣(泥浆)外运(元/根)	后期处理费用(元)	备　注
泥浆分离器	8000	0	804	0	租赁

(2)泥浆池循环

桩基总数共 402 根,大面积施工时,采用泥浆池循环方法,经统计需挖泥浆池约 200 个。制作一个泥浆池所需费用见表 3-2,则总计费用:(800 +1400)元/个 ×200 个 +1608 元/根 ×402 根 =1086416 元。

制作一个泥浆池所需费用　　表 3-2

项　目	制作费用(元)	维修费用(元)	石渣(泥浆)外运(元/根)	后期处理费用(元)
泥浆池循环	800	无	1608	1400

(3)自制泥浆分离器

桩基总数共 402 根,大面积施工时,若采用自制泥浆分离器,计划投入 10 台。每台自制泥浆分离器所需费用见表 3-3。则总计费用:(13000 +3000)元/台 ×10 台 +804 元/根 ×402 根 =483208 元。

自制一台泥浆分离器所需费用　　表 3-3

对比项目	制作费用(元)	维修费用(元)	石渣(泥浆)外运(元/根)	后期处理费用(元)
自制泥浆分离器	13000	3000	804	0

其经济效益分析图如图 3-2 所示。

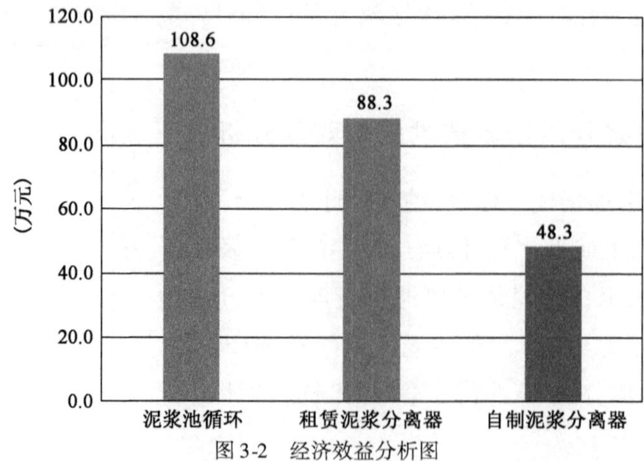

图 3-2　经济效益分析图

3.3.3　自制泥浆分离设备在搬倒井立交工程施工应用情况

(1)技术应用研究背景

通过上述方案比较可知,自制泥浆分离器经济效益显著。为解决传统泥浆池循环系统投入高、效率低等技术问题,研发了一种自制泥渣分离设备,将冲击钻施工过程中的泥浆及石渣进行分离,实现降低施工成本、提高施工效率、降低安全风险及文明施工可控等四个方面的目标,也为公司在后期桥梁桩基施工中提供经验借鉴。

(2)技术应用研究目的

搬倒井互通立交工程位于二环路右侧,且四面环山,402 根桩均为嵌岩桩。由于嵌岩桩(端承桩)质量标准要求高,孔底沉渣厚度不得大于 5cm,在桩基清孔过程中易将石渣带回孔内,从而加大桩基清孔的时间,并且该工程施工周期短,为了解决这类问题,通过改善传统的泥浆循环,而且通过筛分设备将石渣进行分离,筛分出的石渣用于便道顶面找平,可有效地加快施工进度,减少成本支出,且能实现文明环保施工。

(3)自制泥浆分离器泥浆循环原理

冲击钻施工过程中,利用自制的泥浆分离器的泥浆泵将泥浆从孔内抽出,流入泥浆分离器上的旋流器。通过旋流器把泥浆中的固体颗粒分离出来,分离的颗粒通过振动筛进行脱水排出,泥浆通过筛网渗入泥浆箱中,再通过另外一台泥浆泵将泥浆抽出,泵入孔内形成反循环系统,具体工艺原理见图 3-3。

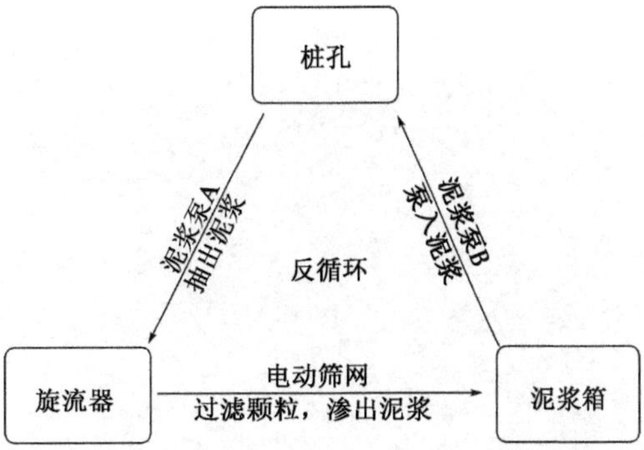

图 3-3　自制泥浆分离器泥浆循环原理图

(4)技术应用实施效果

施工过程中,使用自制泥浆分离器,解决了泥浆外运造成环境污染的问题。通过使用泥浆分离设备,使原本废弃的泥渣进行利用,真正做到"变废为宝"。在经济方面每根桩基大约节省 1000 元,全线 402 根桩基共计节省约 40 万元。在时间方面,采用泥浆池循环的桩基,清孔时间一般约 24h,若采用自制泥浆分离循环设备,桩基清孔时间约为 8h,施工工效提升了近 3 倍,获得业主的一致好评。

(5)技术应用研究结论

通过采用自制的泥浆分离器对泥浆进行分离循环使用,避免挖泥浆池的渣土及泥浆池内掏出的石渣堆积现场,同时避免了雨水浸湿渣土形成泥浆外流污染路面,影响车辆通行。

3.4 桩基施工操作要点

3.4.1 施工准备

施工前做好技术交底工作，将自制泥浆分离器的设计图以及泥浆箱的制作质量控制要点交付现场管理人员及施工人员。

施工前将制作泥浆分离器所需要的材料及设备型号列出清单交付物资部，及时采购所需物资。

3.4.2 泥浆箱制作

采用5块2cm厚钢板焊接成长宽高为6m×3m×2m的泥浆箱，钢板T形连接，焊接方式采用角焊，焊脚尺寸控制在10mm，焊缝要饱满严密，焊接完成后用清水做闭水试验，检验焊接处是否严密不透水，参见图3-4。

图3-4 泥浆箱外观图

在泥浆箱两长边的钢板间焊接四个支撑钢管，增加泥浆箱侧壁的刚度，以免受压力作用而变形。同时在泥浆箱长边对称位置用直径为28mm的圆钢焊接U形吊耳筋，方便吊车移动泥浆箱。吊耳筋焊接过程中，技术人员必须严格控制焊接质量，确保后期施工吊装安全。

3.4.3 泥浆分离器的组装

泥浆分离器：由旋流器、振动筛、支架和底板构成，其中振动筛由振动电机和筛网组成。该旋流器为自制的简易旋流器，由一个水箱和一台泥浆泵组成，泥浆泵从孔内抽出泥浆通过皮管进入水箱中，水箱底部开口使泥浆落入筛网中。水箱的作用一是与皮管连接并固定皮管；二是对从皮管中喷出的泥浆起到缓冲作用，使泥浆缓慢落入筛网后渗入泥浆箱内，参见图3-5。

振动电机：采用YZD振动电机（图3-6），其作用是将钻渣和泥浆快速分离并将钻渣振出筛网。底板由两根工字钢、若干根钢筋及一片筛网组成,筛网两边与工字钢焊接牢固。通过前期对冲击钻冲击的钻渣收集发现,钻渣的粒径在 8 ~ 10mm,因此考虑选择孔径为 5mm 的筛网即可达到将泥浆和钻渣分离的效果。筛网的孔径不能过小,筛孔过小相对密度较大的泥浆很难渗过筛网,从而无法达到预期的效果。

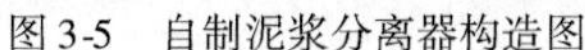
图 3-5　自制泥浆分离器构造图

图 3-6　YZD 振动电机

工字钢上焊接两片钢板分别用来放置旋流器和振动电机。支架焊接在泥浆箱上,为使钻渣较好地从筛网自由滑落,通过前期不断的试验总结出:竖直支架与水平支架的长度坡比宜为 1:3。同时必须注意将支架与底座用橡胶带绑在一起,使支架和底座可以活动,保证振动电机在运转时振动幅度适当(既能使钻渣顺利滑落,又不产生过大的振幅使钻渣落入泥浆箱中),泥浆分离器外观见图 3-7。

3.4.4　泥渣分离

泥渣分离装置安置在泥浆箱的一侧,确保左侧清渣区空间充足,方便挖掘机掏渣;左侧区域清除的钻渣主要是粒径小于 5mm 的;右侧泥渣分离区可有效分离泥浆和粒径大于 5mm 的钻渣。通过同时对泥浆中不同粒径的钻渣进行清理,有效地提高了施工效率,泥渣分离及功能分区参见图 3-8。

图 3-7　泥浆分离器外观

图 3-8　泥渣分离及功能分区示意图

3.4.5 泥浆循环

在泥浆箱的左侧区域放置一台泥浆泵,可以将分离出的泥浆及时抽出,然后再泵入孔内形成一个泥浆循环系统。

3.5 桩基施工工艺特点

3.5.1 降低施工成本

自制泥浆分离循环设备相比市场上购买的泥浆分离器,降低了设备投入成本;自制泥浆分离循环设备相比传统的泥浆池循环系统能更有效地节省施工费用。

3.5.2 提高施工效率

用普通的泥浆池进行循环时,泥浆比重大时会发生石渣回流入孔内的现象,增加了施工的难度。然而自制泥浆分离器在泥浆循环过程中,通过过滤网将泥浆与石渣分离,有效地解决了石渣回流问题,显著地提高了施工效率。

3.5.3 降低安全风险

自制泥浆分离循环设备将会消除泥浆池基坑坠落的安全隐患,同时减少了泥浆池安全防护及警示标牌的费用投入。

3.5.4 文明施工可控

采用自制的泥浆分离器,无须开挖泥浆池,不会产生渣土,有效避免泥浆浸入工业场区或附近农田、灌溉渠道、河流,污染环境和危害农作物生长;同时分离出的石渣用作施工便道上层铺撒青石子,做到“变费为宝”。

第4章　桥墩施工技术研究

4.1　工程墩柱概述

搬倒井互通立交工程墩柱共计308个，桥台肋板共计25个，墩柱形式有方墩、花瓶墩两种。墩柱类型较多，外形尺寸不统一，墩柱最高23.6m，最低5.7m，平均高度18.5m。具体结构形式及截面尺寸见表4-1。

搬倒井互通立交桥墩柱结构形式及截面尺寸一览表　　表4-1

编号	结构形式	截面尺寸(cm)	个数	高度(cm)
A1		170×170 变径 220×170	3	782.9、791.7
		170×170 变径 220×270	1	793.6
A2		280×150 变径 400×270	21	570.4～1330.6
		280×180 变径 400×270	9	623～1210.4
		280×150 变径 400×150	43	558～2238.2
		280×120 变径 400×120	7	668.3～1199.1
		280×180 变径 400×180	14	1517～1979.8
		180×150 变径 180×270	4	1260.4
A3		200×200 变径 200×290	4	753.7～2322.2
		170×170 变径 170×290	14	1227.1～1921
A4		200×200	14	685.9～2367.2
		150×150	23	583.1～974.3
		170×170	138	1411～2006.4
		180×150	10	1264～1525.6
		200×300	3	
合计			308	

4.2 墩柱模板设计与理论计算

在墩柱施工前,为保证墩柱的外观质量,项目在墩柱模板设计和浇筑工艺上进行优化,现场墩柱均采用一次浇筑成型,消除分段浇筑的施工缝,同时增大每节模板的长度,减少模板间的水平拼缝,确保墩柱的外观质量。

本工程墩柱模板采用定制钢模板,模板的具体配型见表4-2。

墩柱钢模板配型　　表4-2

序号	墩柱模板尺寸(cm)	配置模板数量(套)	模板长度(m/套)	备　注
1	170×170	8	72	墩身模板
2	150×150	2	16.5	
3	200×200	1	26	
4	280×180	1	25.7	
5	280×150	1	31	
6	280×120	1	22	
7	400×270	2	2	墩帽变径段
8	400×180	1	1	
9	400×150	2	1	
10	400×120	1	1	
11	200×290	1	1	
12	170×290	4	4	
13	220×170	1	1	墩帽
14	220×270	1	1	
15	120×140	1	1	系梁
合计		28		

4.2.1 设计依据

(1)京沪高速公路济南连接线工程第一标段桥梁工程施工设计图。

(2)《钢结构设计规范》(GB 50017—2017)。

4.2.2 设计说明

(1)设计方法:

墩柱模板检算采用容许应力法。

(2)主要材料选用:

面板:6mm 钢板;

次梁：[10 槽钢（背楞）；

主梁：[18b 槽钢（双拼背楞）、[22b 槽钢（双拼背楞）；

对拉杆：ϕ25mm 圆钢。

（3）模板构件布置：

墩柱模板根据墩柱外形的不同，模板有弧板及平板两种形式。两种模板的面板均为6mm，面板后的背楞及对拉杆的间距不同，具体布置见表4-3。

墩柱钢模板构件布置一览表 表4-3

分　类	次梁间距（[10 槽钢）(cm)	主梁间距		对拉杆间距（ϕ25mm 圆钢）(cm)	备　注
		（[18b 槽钢）(cm)	（[22b 槽钢）(cm)		
墩柱弧板	30.2	110		111	长4m
	30.2	120		111	长3
	30.2	90		111	长2.5m
	30.2	120		111	长2m
墩柱平板	30		110	203	长4m
	30		120	211	长3m
	30		90	203	长3m

4.2.3 设计参数

设计参数参见表4-4、表4-5。

材料性能参数 表4-4

序号	材　料	规　格	弹性模量 E (Pa)	截面抵抗矩 W (cm^3)	惯性矩 I (cm^4)	备　注
1	钢板	厚6mm	2.05×10^{11}	6	1.8	取1m宽
2	槽钢	[10	2.05×10^{11}	39.7	198	
		2[18b		304	2740	
		2[22b		468	5142	
3	对拉杆	ϕ25mm		—	—	
钢筋混凝土重度取24kN/m^3、钢材采用Q235A						

材料强度容许应力值 表4-5

序号	材　料	抗弯容许应力 (MPa)	弯曲剪应力 (MPa)	抗拉容许应力 (MPa)	备　注
1	钢板	145	85	140	Q235A 钢材
2	槽钢				
3	对拉杆			273	Q345b 钢材

4.2.4 荷载组合

(1)新浇筑混凝土对侧面模板的压力；

(2)振捣混凝土时对侧面模板的压力,取4.0kPa。

计算模板强度时,荷载组合为:(1)+(2)。

计算模板刚度时,荷载组合为:(1)。

4.2.5 计算分析

1)工况分析

墩柱的弧板及平板均考虑一种工况即可,具体情况见表4-6。

墩柱弧板及平板工况　　表4-6

工　况	次梁间距([10槽钢)	主梁间距([18b槽钢)	对拉杆间距(ϕ25mm圆钢)	备　注
1	30.2cm	120cm	111cm	墩柱弧板
2	30cm		211cm	墩柱平板

2)工况一

(1)面板计算

面板的次梁采用[10槽钢,间距为30.2cm。计算时按三跨连续梁考虑,取模板1m宽为研究对象,荷载按均布荷载考虑。

①计算图式(图4-1):

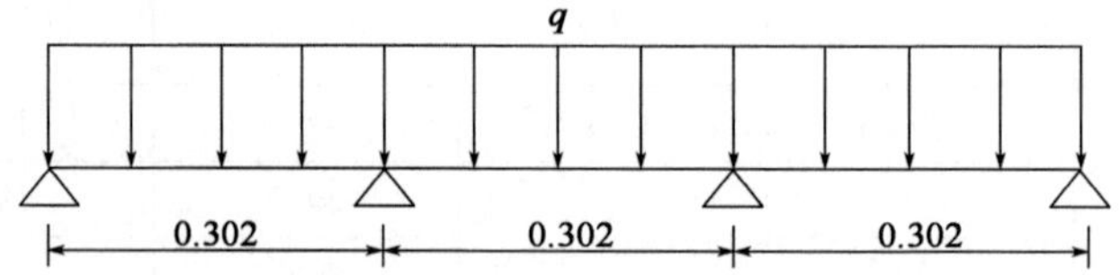

图4-1　面板计算图式(尺寸单位:m)

②荷载计算:

新浇筑混凝土对模板的侧压力,可按下列两式计算,并取两式的较小值。

$$F=0.22r_c t_0 \beta_1 \beta_2 v^{\frac{1}{2}} \tag{4-1}$$

$$F=r_c H \tag{4-2}$$

式中:F——新浇筑混凝土对模板的侧压力(kN/m^2);

r_c——混凝土的重度(kN/m^3);

t_0——新浇筑混凝土的初凝时间(h),当缺乏数据资料时,可采用$t=200/(T+15)$计算,T为混凝土的温度(℃);

v——混凝土的浇筑速度(m/h)；

H——混凝土侧压力计算位置处至新浇筑混凝土顶面的总高度(m)；

β_1——外加剂影响修正系数,不掺外加剂时取1.0,掺具有缓凝作用的外加剂时取1.2；

β_2——混凝土坍落度影响修正系数,当坍落度小于30mm时,取0.85;50~90mm时,取1.0;110~150mm时,取1.15。

则根据式(1)、式(2)得:

$F_1 = r_c H = 24 \times 24 = 576\text{kN/m}^2$

$F_2 = 0.22 r_c t_0 \beta_1 \beta_2 v^{\frac{1}{2}} = 0.22 \times 24 \times \frac{200}{25+15} \times 1 \times 1.15 \times (5)^{\frac{1}{2}} = 67.9\text{kN/m}^2$

新浇筑混凝土对模板的侧压力取两者较小值,即为67.9kN/m。则:

$q_1 = 67.9 \times 1 = 67.9\text{kN/m}$

$q_2 = 67.9 + 4 \times 1 = 71.9\text{kN/m}$

③抗弯强度计算:

$M_{\max} = 0.1 \times q_2 L^2 = 0.1 \times 71.9 \times 0.302^2 = 0.66\text{kN} \cdot \text{m}$

$\delta_{\max} = \frac{M}{W} = \frac{0.66 \times 10^3}{6 \times 10^{-6}} = 11\text{MPa} < [\delta] = 145\text{MPa}$,满足要求。

④抗剪强度计算:

$V = 0.6 q_2 L = 0.6 \times 71.9 \times 0.302 = 13.0\text{kN}$

$T_{\max} = \frac{3V}{2A} = \frac{3 \times 13.0}{2 \times 0.006 \times 1} = 3.25\text{MPa} \leqslant 85\text{MPa}$,满足要求。

⑤刚度计算:

$f_{\max} = 0.677 \frac{q_1 L^4}{100EI} = 0.677 \frac{67.9 \times 10^3 \times 0.302^4}{100 \times 2.05 \times 10^{11} \times 1.8 \times 10^{-8}} = 1.07\text{mm} < 1.5\text{mm}$,满足要求。

(2)次梁计算

次梁下主梁的间距为1.2m,按简支梁计算,荷载按均布荷载简化。

①计算图示(图4-2):

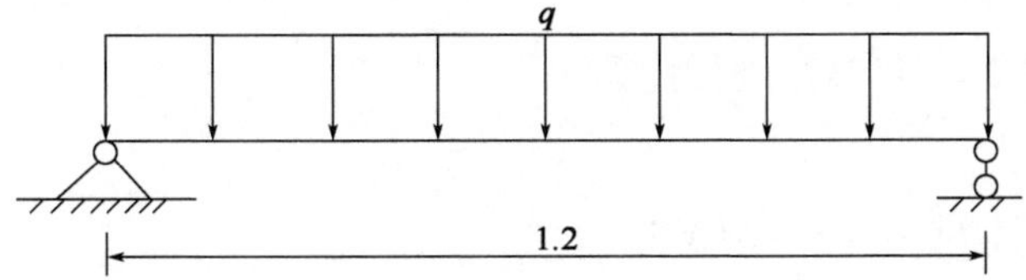

图4-2　次梁计算图式(尺寸单位:m)

②荷载计算:

由模板传递给次梁的支座反力分别为:

$R_1 = 2V = 2 \times 0.6 q_2 L = 2 \times 0.6 \times 71.9 \times 0.302 = 26.1\text{kN}$

$R_2 = 2V = 2 \times 0.6q_1L = 2 \times 0.6 \times 67.9 \times 0.302 = 24.6\text{kN}$

则:支座反力转化成作用于次梁的均布荷载为:

$$q_1 = \frac{26.1}{0.302 \times 1} \times 0.302 = 26.1\text{kN/m}$$

$$q_2 = \frac{24.6}{0.302 \times 1} \times 0.302 = 24.6\text{kN/m}$$

③抗弯强度计算:

$$M_{\max} = \frac{q_1 l^2}{8} = \frac{26.1 \times 1.2^2}{8} = 4.7\text{kN} \cdot \text{m}$$

$$\delta_{\max} = \frac{M}{\text{W}} = \frac{4.7 \times 10^3}{39.7 \times 10^{-6}} = 118.4\text{MPa} < [\delta] = 145\text{MPa}$$,满足要求。

④抗剪强度计算:

$$V = \frac{1}{2}q_1 l = \frac{1}{2} \times 26.1 \times 1.2 = 15.7\text{kN}$$

⑤刚度计算:

$$T_{\max} = \frac{3V}{2A} = \frac{3 \times 15.7}{2 \times 0.1 \times 0.0053} = 44\text{MPa} \leqslant 85\text{MPa}$$,满足要求。

$$f_{\max} = \frac{5q_2 l^4}{384EI} = \frac{5 \times 24.6 \times 10^3 \times 1.2^4}{384 \times 2.05 \times 10^{11} \times 198 \times 10^{-8}} = 1.6\text{mm} < \frac{1200}{400} = 3\text{mm}$$,满足要求。

(3)主梁计算

主梁外对拉杆间距为1.11m,计算模型按简支梁计算,次梁支座反力按集中荷载作用在主梁上考虑,荷载作用在主梁中间位置,间距为30.2cm。

①荷载计算:

由次梁传递给主梁的支座反力为:

$$R_1 = 2V = 2 \times \frac{1}{2}q_1 l = 2 \times \frac{1}{2} \times 26.1 \times 1.2 = 31.3\text{kN}$$

$$R_2 = 2V = 2 \times \frac{1}{2}q_2 l = 2 \times \frac{1}{2} \times 24.6 \times 1.2 = 29.5\text{kN}$$

主梁检算时按照 $F = 31.3\text{kN}$ 进行计算。

②分析计算:

分析计算结果分别见图4-3~图4-7。

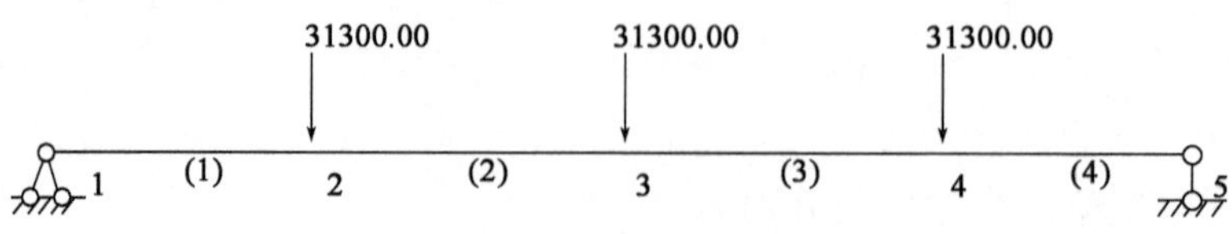

图4-3 主梁计算图式

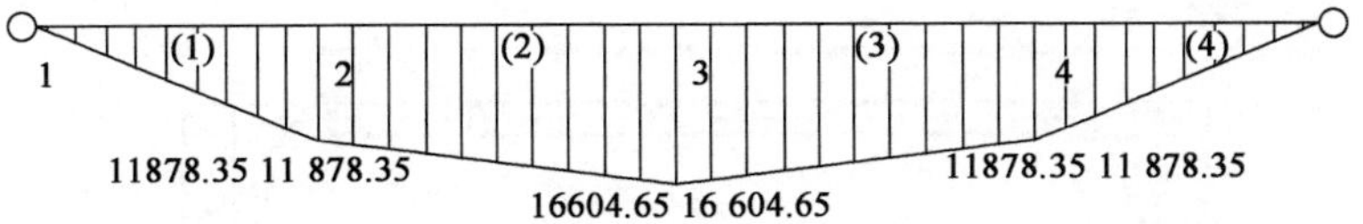

图 4-4　弯矩图

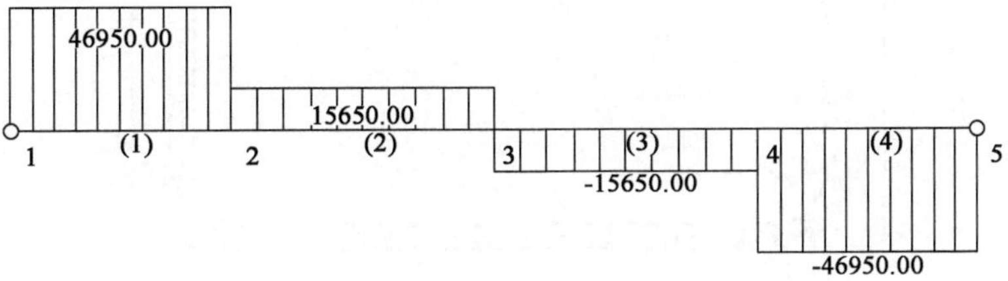

图 4-5　剪力图

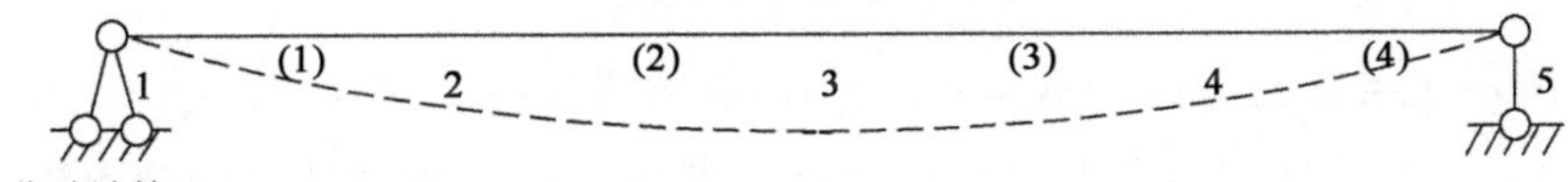

位移计算

杆端位移值(乘子 =1)

单元码	杆端 1			杆端 2		
	u-水平位移	ν-竖直位移	θ-转角	u-水平位移	ν-竖直位移	θ-转角
1	0.00000000	0.00000000	-0.00103321	0.00000000	-0.00023884	-0.00076570
2	0.00000000	-0.00023884	-0.00076570	0.00000000	-0.00036086	-0.00000000
3	0.00000000	-0.00036086	-0.00000000	0.00000000	-0.00023884	0.00076570
4	0.00000000	-0.00023884	0.00076570	0.00000000	0.00000000	0.00103321

图 4-6　位移图

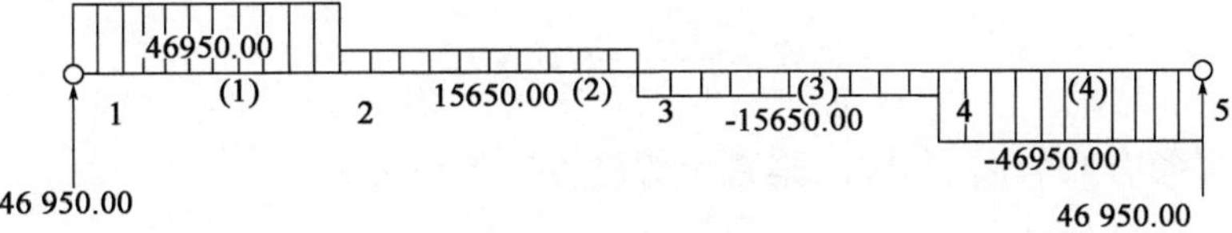

图 4-7　支座反力图

根据图 4-3 ~ 图 4-7 分析得：

$$\delta_{max} = \frac{M}{W} = \frac{16.6 \times 10^3}{304 \times 10^{-6}} = 54.6\text{MPa} < [\delta] = 145\text{MPa}$$，满足要求。

$$T_{max} = \frac{3V}{2A} = \frac{3 \times 46.95}{2 \times 2 \times 0.18 \times 0.07} = 2.79\text{MPa} \leqslant 85\text{MPa}$$，满足要求。

$$f_{max} = 0.3\text{mm} < \frac{1110}{400} = 2.775\text{mm}$$，满足要求。

(4)对拉杆计算

为保证墩柱的外观质量，墩柱侧面采用 ϕ25mm 圆钢对拉杆以加强模板，如图 4-8 所示。

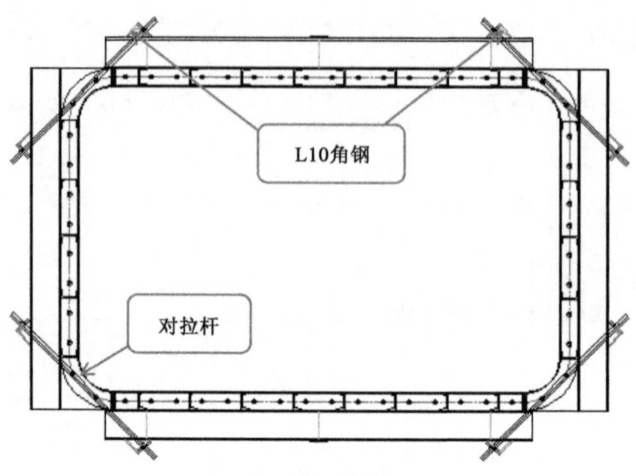

图 4-8　墩柱模板加固图

由对拉杆提供主梁的支座反力 $R=46.95\text{kN}$，仅为对拉杆拉力 F 的水平分力。由于对拉角钢采用 L10 角钢，对拉杆拉力 F 与支座反力间的夹角为 45°，则对拉杆的拉力为：

$F=R/\cos 45°=46.95/\cos 45°=66.4\text{kN}$

则对拉杆所受的拉应力为：

$$\delta_{\max}=\frac{F}{Z}=\frac{4\times 66.4\times 10^3}{3.14\times 25^2\times 10^{-6}}=135\text{MPa}<[\delta]=273\text{MPa}$$，满足要求。

(5)角钢焊缝计算

L10 角钢焊接于双[18b 槽钢上，用于对拉杆的固定。焊条采用 E502 碳钢型焊条，L10 角钢与双[18b 槽钢的角焊缝长度为 10cm。

根据《钢结构设计规范》(GB 50017—2017)中第七节中的内容知：

$$\delta_f=\frac{N}{h_e\times l_w}\leqslant \beta_f\times f_f^w$$

式中：δ_f——按焊缝有效截面积计算，垂直于焊缝方向的应力；

h_e——焊缝的计算厚度，对直角角焊缝等于 $0.7h_f$，h_f 为焊脚尺寸；

l_w——焊缝的计算长度，对每条焊缝取其实际长度减去 $2h_f$；

f_f^w——角焊缝的强度设计值，取 125N/mm²（强度设计值为 200N/mm²）；

β_f——正面角焊缝的强度设计值增大系数，取 1.22；

N——垂直于焊缝长度方向的轴心力。

则：

$$\delta_f=\frac{N}{h_e\times l_w}=\frac{46.95\times 10^3}{0.7\times 8\times 10^{-3}\times(0.1-0.016)}=99.8\text{N/mm}^2\leqslant 1.22\times 125=153\text{N/mm}^2$$，符合要求。

3）工况二

（1）面板计算

面板的次梁采用[10 槽钢，间距为 30cm。计算时按三跨连续梁考虑，取模板 1m 宽为研究对象，荷载按均布荷载考虑。

①计算图式（图 4-9）：

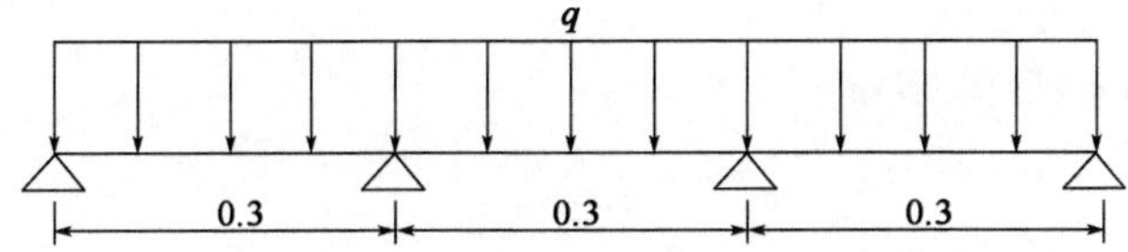

图 4-9　面板计算图式（尺寸单位：m）

②荷载计算：

荷载计算过程同工况一。

则：

$q_1 = 67.9 \times 1 = 67.9\text{kN/m}$

$q_2 = 67.9 + 4 \times 1 = 71.9\text{kN/m}$

③抗弯强度计算：

$M_{\max} = 0.1 \times q_2 L^2 = 0.1 \times 71.9 \times 0.3^2 = 0.65\text{kN} \cdot \text{m}$

$\delta_{\max} = \dfrac{M}{W} = \dfrac{0.66 \times 10^3}{6 \times 10^{-6}} = 111\text{MPa} < [\delta] = 145\text{MPa}$，满足要求。

④抗剪强度计算：

$V = 0.6 q_2 l = 0.6 \times 71.9 \times 0.3 = 12.9\text{kN}$

$T_{\max} = \dfrac{3V}{2A} = \dfrac{3 \times 12.9}{2 \times 0.006 \times 1} = 3.22\text{MPa} \leqslant 85\text{MPa}$，满足要求。

⑤刚度计算：

$f_{\max} = 0.677\dfrac{q_1 l^4}{100EI} = 0.677\dfrac{67.9 \times 10^3 \times 0.3^4}{100 \times 2.05 \times 10^{11} \times 1.8 \times 10^{-8}} = 1.04\text{mm} < 1.5\text{mm}$，满足要求。

（2）次梁计算

次梁下主梁的间距为 1.2m，按简支梁计算，荷载按均布荷载简化。

①计算图式（图 4-10）：

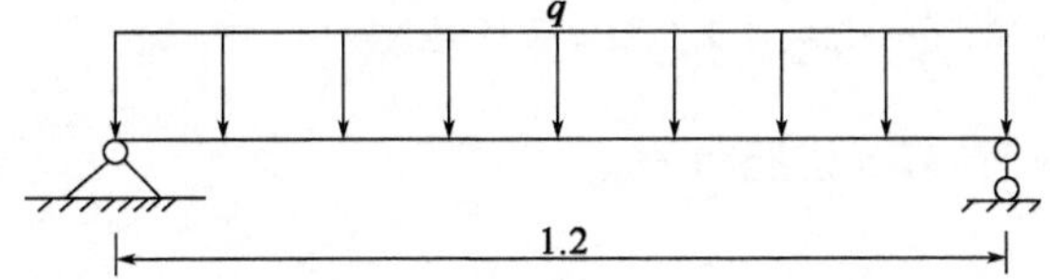

图 4-10　次梁计算图式（尺寸单位：m）

②荷载计算：

由模板传递给次梁的支座反力分别为：

$$R_1=2V=2\times0.6q_2l=2\times0.6\times71.9\times0.3=25.9\text{kN}$$

$$R_2=2V=2\times0.6q_1l=2\times0.6\times67.9\times0.3=24.4\text{kN}$$

则：支座反力转化成作用于次梁的均布荷载为：

$$q_1=\frac{25.9}{0.3\times1}\times0.3=25.9\text{kN/m}$$

$$q_2=\frac{24.4}{0.3\times1}\times0.3=24.4\text{kN/m}$$

③抗弯强度计算：

$$M_{\max}=\frac{q_1l^2}{8}=\frac{25.9\times1.2^2}{8}=4.7\text{kN}\cdot\text{m}$$

$$\delta_{\max}=\frac{M}{W}=\frac{4.7\times10^3}{39.7\times10^{-6}}=118.4\text{MPa}<[\delta]=145\text{MPa}$$，满足要求。

④抗剪强度计算：

$$V=\frac{1}{2}q_1l=\frac{1}{2}\times25.9\times1.2=15.5\text{kN}$$

$$T_{\max}=\frac{3V}{2A}=\frac{3\times15.5}{2\times0.1\times0.0053}=44\text{MPa}\leqslant85\text{MPa}$$，满足要求。

⑤刚度计算：

$$f_{\max}=\frac{5q_2l^4}{384EI}=\frac{5\times24.4\times10^3\times1.2^4}{384\times2.05\times10^{11}\times198\times10^{-8}}=1.6\text{mm}<\frac{1200}{400}=3\text{mm}$$，满足要求。

(3)主梁计算

主梁外对拉杆间距为2.11m，按简支梁计算，次梁支座反力按集中荷载作用在主梁上考虑，荷载作用在主梁中间位置，间距为30cm。

①荷载计算：

由次梁传递给主梁的支座反力为：

$$R_1=2V=2\times\frac{1}{2}q_1l=2\times\frac{1}{2}\times25.9\times1.2=31.1\text{kN}$$

$$R_2=2V=2\times\frac{1}{2}q_2l=2\times\frac{1}{2}\times24.4\times1.2=29.3\text{kN}$$

主梁检算时按照 $F=31.1\text{kN}$ 进行计算。

②分析计算：

分析计算结果见图4-11～图4-15。

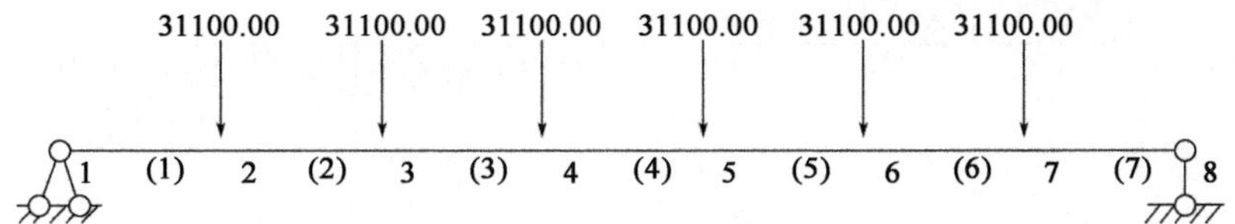

图 4-11　计算图式

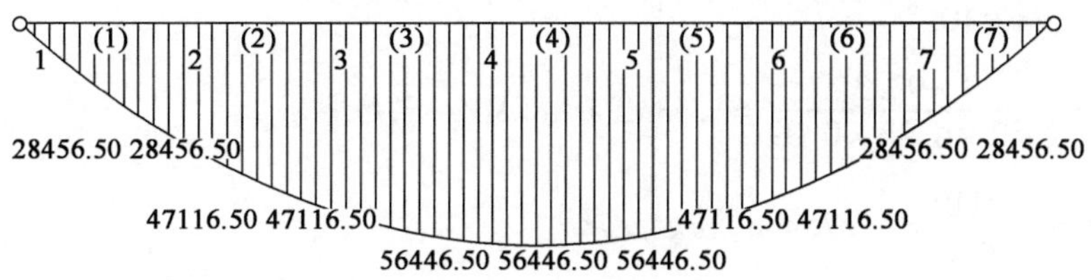

图 4-12　弯矩图

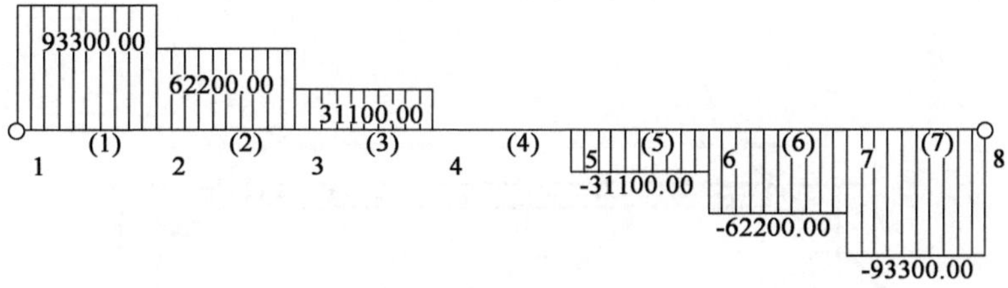

图 4-13　剪力图

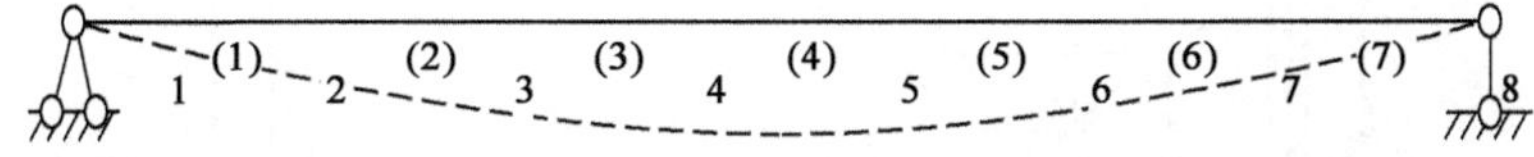

位移计算

杆端位移值(乘子 = 1)

单元码	杆端 1			杆端 2		
	u-水平位移	v-竖直位移	θ-转角	u-水平位移	v-竖直位移	θ-转角
1	0.00000000	0.00000000	-0.00376403	0.00000000	-0.00110617	-0.00335234
2	0.00000000	-0.00110617	-0.00335234	0.00000000	-0.00196384	-0.00227694
3	0.00000000	-0.00196384	-0.00227694	0.00000000	-0.00243251	-0.00080323
4	0.00000000	-0.00243251	-0.00080323	0.00000000	-0.00243251	0.00080323
5	0.00000000	-0.00243251	0.00080323	0.00000000	-0.00196384	0.00227694
6	0.00000000	-0.00196384	0.00227694	0.00000000	-0.00110617	0.00335234
7	0.00000000	-0.00110617	0.00335234	0.00000000	0.00000000	0.00376403

图 4-14　位移图

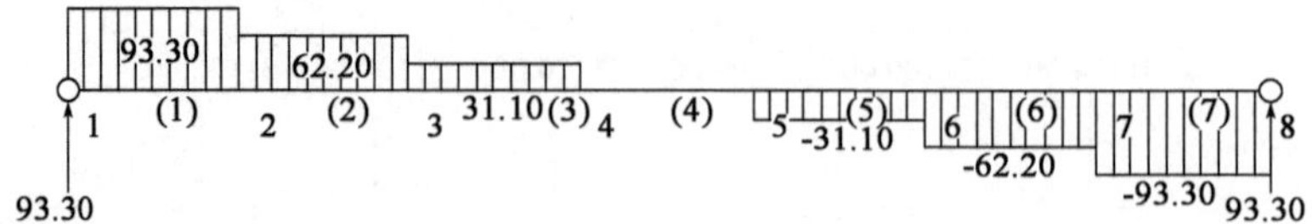

图 4-15　支座反力图

根据图 4-12 ~ 图 4-15 分析得：

$$\delta_{max} = \frac{M}{W} = \frac{56.6 \times 10^3}{468 \times 10^{-6}} = 120.9\text{MPa} < [\delta] = 145\text{MPa}$$，满足要求。

$$T_{max} = \frac{3V}{2A} = \frac{3 \times 93.3}{2 \times 2 \times 0.22 \times 0.09} = 3.53\text{MPa} \leqslant 85\text{MPa}$$，满足要求。

$$f_{max} = 2.4\text{mm} < \frac{2110}{400} = 5.275\text{mm}$$，满足要求。

(4)对拉杆计算

为保证墩柱的外观质量，采用墩柱侧面墩柱模板的对拉杆设计时 ϕ25mm 圆钢对拉杆以加强模板，如图 4-16 所示。

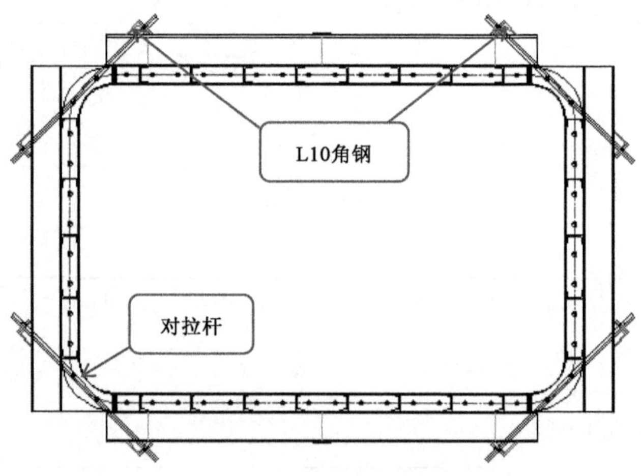

图 4-16　墩柱模板加固图

由对拉杆提供主梁的支座反力 $R = 93.3$kN，仅为对拉杆拉力 F 的水平分力。由于对拉角钢采用的 L10 角钢，对拉杆拉力 F 与支座反力间的夹角为 45°，则对拉杆的拉力为：

$F = R/\cos45° = 93.3/\cos45° = 131.9\text{kN}$

则对拉杆所受的拉应力为：

$$\delta_{max} = \frac{F}{A} = \frac{4 \times 131.9 \times 10^3}{3.14 \times 25^2 \times 10^{-6}} = 268\text{MPa} < [\delta] = 273\text{MPa}$$，满足要求。

(5)角钢焊缝计算

L10 的角钢焊接于双[22b 槽钢上，用于对拉杆的固定。焊条采用 E502 碳钢型焊条，L10 的角钢与双[22b 槽钢的角焊缝长度为 13cm。

根据《钢结构设计规范》(GB 50017—2017)中第七节中的内容知：

$$\delta_{\mathrm{f}}=\frac{N}{h_{\mathrm{e}}\times l_{\mathrm{w}}}\leqslant\beta_{\mathrm{f}}\times f_{\mathrm{f}}^{\mathrm{w}}$$

式中：δ_{f}——按焊缝有效截面积计算，垂直于焊缝方向的应力；

h_{e}——焊缝的计算厚度，对直角角焊缝等于 $0.7h_{\mathrm{f}}$，h_{f} 为焊脚尺寸；

l_{w}——焊缝的计算长度，对每条焊缝取其实际长度减去 $2h_{\mathrm{f}}$；

$f_{\mathrm{f}}^{\mathrm{w}}$——角焊缝的强度容许值，取 $125\mathrm{N/mm^2}$(强度设计值为 $200\mathrm{N/mm^2}$)；

β_{f}——正面角焊缝的强度设计值增大系数，取 1.22；

N——垂直于焊缝长度方向的轴心力。

则：

$$\delta_{\mathrm{f}}=\frac{N}{h_{\mathrm{e}}\times l_{\mathrm{w}}}=\frac{93.3\times10^{3}}{0.7\times8\times10^{-3}\times(0.13-0.016)}=146\mathrm{N/mm^2}\leqslant1.22\times125=153\mathrm{N/mm^2}$$，符合要求。

4.3　墩柱混凝土养护

加强墩柱的养护，墩柱模板拆除后首先在其表面缠裹一层保鲜膜，其次是在保鲜膜外侧再缠裹土工布，最后在墩柱顶端放置滴水桶进行滴水养护，养护周期不少于7天，目的是为了防止混凝土水化热在其表面产生龟裂，影响外观质量。

第5章 现浇梁施工技术研究

5.1 施工概况及研究背景

搬倒井互通立交工程共计67联,尺寸各不相同,因为预制成本高,本项目全部采用现浇施工,现浇箱梁施工中的外模支撑是模板施工中的重要环节,其线形和表面平整度将会极大地影响箱梁的外观质量,也是施工过程中控制箱梁线形和外观质量的重点之一。

常规施工多采用钢管顶托和方木支撑的形式[11],此类施工法容易带来现浇梁模板及模板支架拆装频繁,模板材料破损变形大,影响模板质量,周转次数少,浪费严重,不利于节能降耗。同时使用破损的模板易造成混凝土胀模、漏浆,混凝土成型质量得不到有效保证[12]。

5.2 定型桁架外模支撑体系研究

5.2.1 技术研究概况

在京沪高速公路济南连接线搬倒井互通立交工程现浇箱梁施工中,我单位结合工程实际,对传统施工工艺进行了总结和创新,采用自制定型钢架代替钢管顶托作为箱梁外侧模和翼板底模的支撑,形成了一套简单、高效的模板支撑体系,钢桁架结构体系及结构选型见图5-1、图5-2。

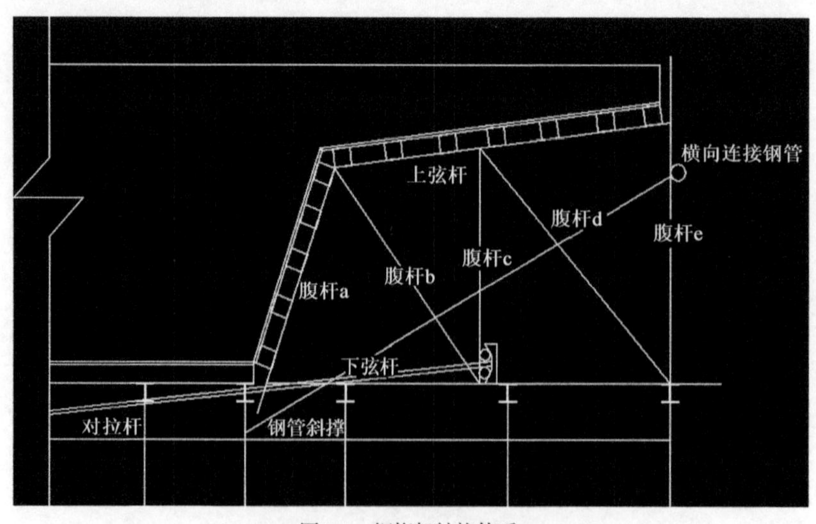

图5-1 钢桁架结构体系

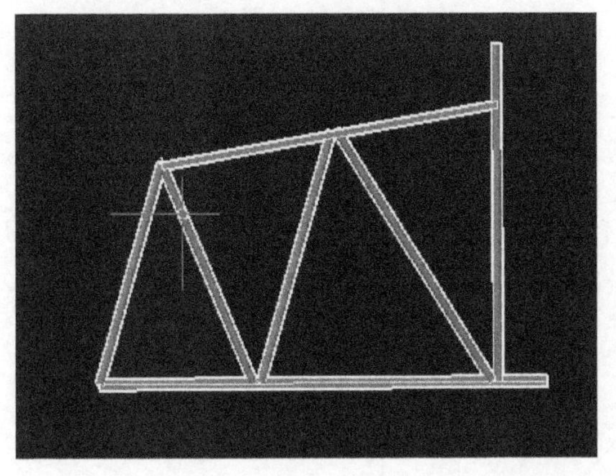

图5-2　钢桁架结构选型

与传统钢管方木支撑相比,定型钢架具有以下优点:

(1)施工工序简单,安装速度快,拆卸方便。

(2)结构整体受力,整体刚度好,稳定性强。

(3)角度控制得当,面板与分配梁完全接触,模板支撑稳固,不易变形。

(4)可循环使用,一次性制作完成可持续使用,有利于大规模流水作业。

(5)箱梁外侧模模板施工可操作性增强,有效减少胀模、错台等现象,提高箱梁混凝土的外观质量。

钢架支撑体系主要由定型钢架、对拉杆、钢管斜撑组成,见图5-3～图5-5。

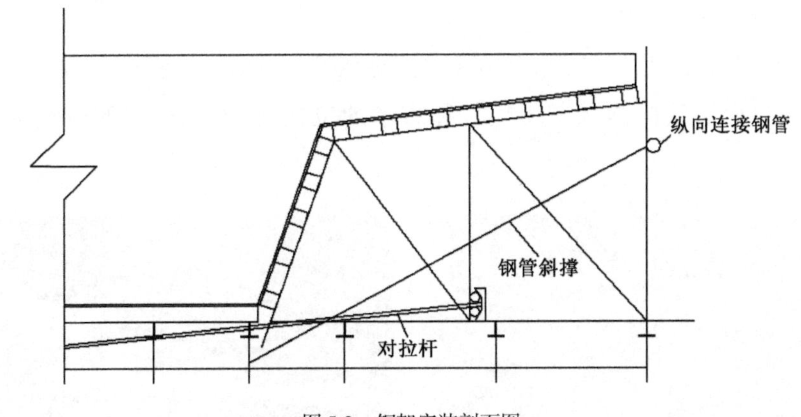

图5-3　钢架安装剖面图

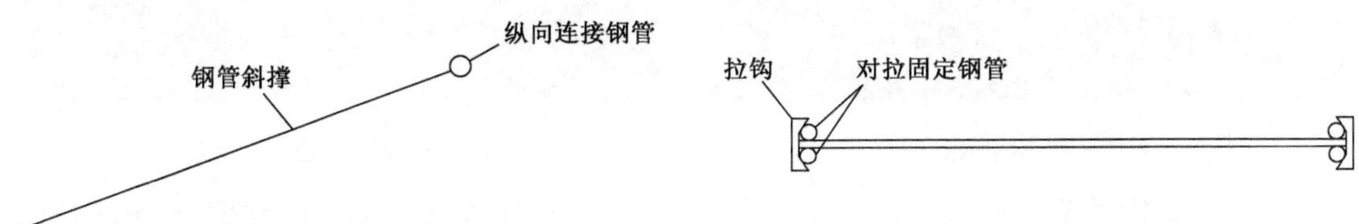

图5-4　钢管斜撑

图5-5　对拉杆

5.2.2 技术研究具体应用

5.2.2.1 钢架制作

钢桁架为模板支撑体系中主要受力构件,各杆件规格通过计算来确定。考虑到侧向力作用下钢架平面外存在失稳因素,施工中需添加对拉杆和纵向钢管连接对钢架进行固定和支撑,提高结构整体刚度和稳定性,见图5-6。

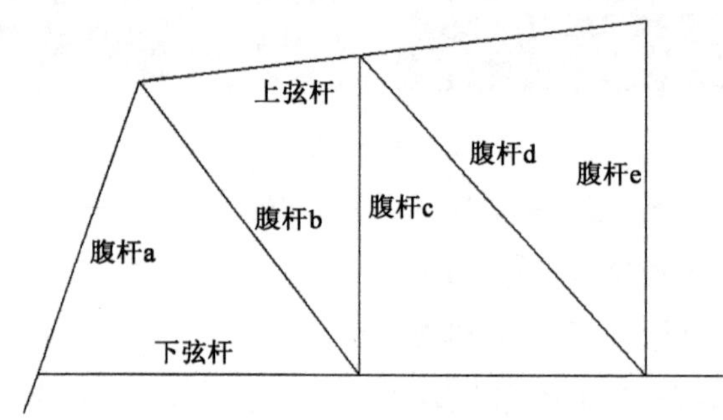

图5-6 钢架结构体系

通过结构受力验算确定钢架材料规格:桁架上弦杆、下弦杆、腹杆a采用C100×50×3槽钢,其余4道受压腹杆均为A42×3钢管。弦杆和腹杆采用焊接连接,钢架布置间距1000mm,参见图5-7。

5.2.2.2 钢架安装

(1)钢桁架安装前,先用水准仪和塔尺对模板底部工字钢顶进行测量,控制其顶面高程,根据全站仪放样的腹板边线向内预留出模板和方木的位置,将钢架边线的位置标记并加固,见图5-8。

图5-7 钢架成品

图5-8 钢桁架位置的确定

(2)钢架安装完成后,位置和标高经确认无误后,采用拉杆固定,防止其受混凝土侧压力而移位。对拉杆采用直径为12mm的钢筋,两端分别与钢桁架上的双拼钢管用拉钩螺栓连接,形成对拉,具体见图5-9。

(3)为保证钢桁架整体受力,用钢管斜撑将“腹杆”的中部位置与架体连接成整体,采用纵向钢管将每四榀相邻钢架进行固定,保证钢架和下方的支架连接成整体,确保整体稳定性,见图5-10和图5-11。

图5-9　钢架对拉杆安装

5.2.2.3　方木及模板安装

“上弦杆a”处安放10cm×10cm方木,方木选用时必须表面应平整,方木直接安放在“上弦杆a”上的定位钢筋上,间距为25cm一道,并用铁丝绑扎固定牢固。方木安装完成后安装1.5cm厚竹胶板,模板铺设时拼缝应严密,表面无错台现象,见图5-12、图5-13。

图5-10　钢架用钢管连接成整体

图5-11　钢管斜撑安装

图5-12　方木支撑

图5-13　方木绑扎

5.2.2.4　模板钢架拆除

定型钢架拆除时,应先拆除钢架顶部防护栏杆,后将钢架之间的连接钢管、钢架与支架之间的斜拉杆以及左右侧钢架间的对拉杆拆除,然后松动钢架下面的支架顶托,钢架随着工字钢整体自然下降，下降至一定空间后，将其支撑的模板和方木拆除并抽出，然后依次放倒钢架并整体吊装至指定位置，以备下次重复使用。拆卸过程中对钢架结构不能造成破坏，循环周转次数要多。

5.2.3 技术研究成果

5.2.3.1 提高施工效率

以本标段 SE 匝道桥第一联现浇梁为例，共计 4 跨，跨度 30m，梁高 1.6m，腹板斜长 1.22m，翼缘板斜长为 2.02m。传统的钢管顶托施工共计需要 64.5h，采用定型钢架支撑则需要 25h，对比可知，采用定型钢架施工效率将明显提高。

5.2.3.2 减少劳动力

传统的现浇梁在施工时，一般情况需配备 6 人进行作业，2 台吊车，采用定型钢架支撑仅需配备 4 人，1 台吊车。通过对比，在相同施工条件下，定型钢架所需人员减少了 1/3。

5.2.3.3 成本控制

若仅仅施工第一联现浇梁，采用定型钢架进行外模加固相比钢管顶托方木组合加固体系的成本增加近 1.5 万元。主要是由于定型钢架的原材料购买、制作一次性投入费用高，假定采用钢管顶托方木加固的材料均可以循环使用，则施工第二联时，采用定型钢架加固的费用相比钢管顶托方木加固的费用将节省 19200 元，前两联的总计费用节省 4491 元。后续每进行一联现浇梁施工时，采用定型加固的费用将比钢管顶托方木加固的费用节省 19200 元。

5.2.3.4 施工安全方面

定型钢架在钢筋加工场统一焊接制作完成运输至现场并吊装至作业面安装就位，减少人员高空作业，避免了传统侧模加固时出现的高空支模支架作业的不安全因素。同时定型钢架有效地解决了现浇梁临边防护栏杆搭设不稳固的问题，防护栏杆的立杆钢管直接承插入钢架的“腹杆 a”钢管上，不易移位和晃动，且提高了防护栏杆的搭设效率，缩短临边无防护的时间，降低高空坠落的风险，使现浇梁临边作业有了保证。

5.2.3.5 箱梁外观线形方面

定型钢架在钢筋加工场按照设计图纸尺寸统一制作并进行验收，确保安装的钢架结构尺寸一致符合设计图纸要求，为后期施工现浇梁的线形控制提供了有效的保障。单榀钢架通过斜拉杆以及水平对拉杆的加固，确保受力安全；同时为防止单个钢架失稳，每榀钢架之间通过横向钢管连接，形成一个整体的受力体系，更加保证了结构受力安全稳定。定型钢架加固的外模是一个结构安全稳定的受力体系，有效地控制了涨模、跑模等影响混凝土外观的因素，保证了混凝土的外观，见图 5-14 及图 5-15。

综上所述，快装式定型钢架在现浇梁外模加固中具有其独特的优势，比传统的钢管顶托和方木的组合支撑体系具有节约成本、安装快捷、安全可靠、外观线形可控、可多次循环使用等优点。我项目部在后期施工中计划不断改善优化快装式定型钢架，计划通过结构形式的改变使得定型钢架的角度能够可调，这样定型钢架将能够满足不同截面角度形式的箱梁，避免不同角度类型的箱梁需要重新制作定型钢架的情况，最大程度降低施工成本。

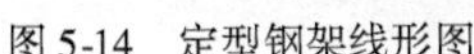
图5-14　定型钢架线形图

图5-15　现浇梁外观图

5.3　现浇梁施工理论计算

5.3.1　碗扣式现浇梁支架设计计算

5.3.1.1　工程概况

本工程预应力混凝土箱梁主线22联、A匝道桥5联、B匝道桥3联、C匝道桥3联、D匝道桥7联、E匝道桥1联、F匝道桥3联、G匝道桥2联、ES匝道桥3联、SE匝道桥2联、SX匝道桥5联、XX匝道桥3联、东环南延桥4联，共计63联。箱梁的具体结构尺寸见表5-1。

箱梁结构尺寸表　表5-1

序号	位　置	梁高(m)	顶板厚度(cm)	底板厚度(cm)	腹板宽度(cm)	悬臂长(m)	备　注
1	主线桥	1.6/2.3	25－45	22－42	45－75	2－3.756	22联
2	A匝道	1.6	25－45	22－42	33－64.8	2－2.055	5联
3	B匝道	1.6	25－45	22－42	33－64.8	2－2.055	3联
4	C匝道	1.6	25－45	22－42	32.8－65	2－2.055	3联
5	D匝道	1.6	25－45	22－42	33－65.5	2－2.055	7联
6	E匝道	1.4	25－45	22－42	31－64	2－2.067	1联
7	F匝道	1.6	25－45	22－42	32.8－64.8	2－2.055	3联
8	G匝道	1.6	25－45	22－42	32.5－65	2－2.055	2联
9	ES匝道	1.6	25－45	22－42	33－65	2－2.055	3联
10	SE匝道	1.6	25－45	22－42	35－65	2－2.055	2联
11	SX匝道	1.4	25－45	22－42	20－37	2－2.067	5联
12	XX匝道	1.4/1.6	25－45	22－42	20－65	2－2.067	3联
13	东环南延	1.4	25－45	22－42	31－64	2－2.067	4联

由表 5-1 知，主线桥的梁高最高为 2.3m，所以在下面支架检算中以主线桥的现浇梁支架进行检算。其他匝道桥的支架布置形式按主线桥布置则能保证匝道支架的安全性。

5.3.1.2 设计依据

(1)京沪高速公路济南连接线工程第一标段桥梁工程施工设计图；

(2)《建筑施工碗扣式钢管支架安全技术规范》(JGJ 166—2016)；

(3)《建筑施工临时支撑结构技术规范》(JGJ 300—2013)。

本计算书采用设计理论为容许应力法。

5.3.1.3 设计说明

(1)主要材料选用

底模与侧模：15mm 厚竹胶板

次梁：10×10cm 方木(东北落叶松)

主梁：梁高 1.6m：10×15cm 方木(东北落叶松)

梁高 2.3m：15×15cm 方木(东北落叶松)

碗扣式钢管支架：ϕ48×3.5mm 钢管(计算按照壁厚 3.0mm)

(2)支架布置

碗扣式现浇梁支架主要由立杆、主梁、次梁及支撑杆组成，其横、纵断面布置详见图 5-16 和图 5-17。

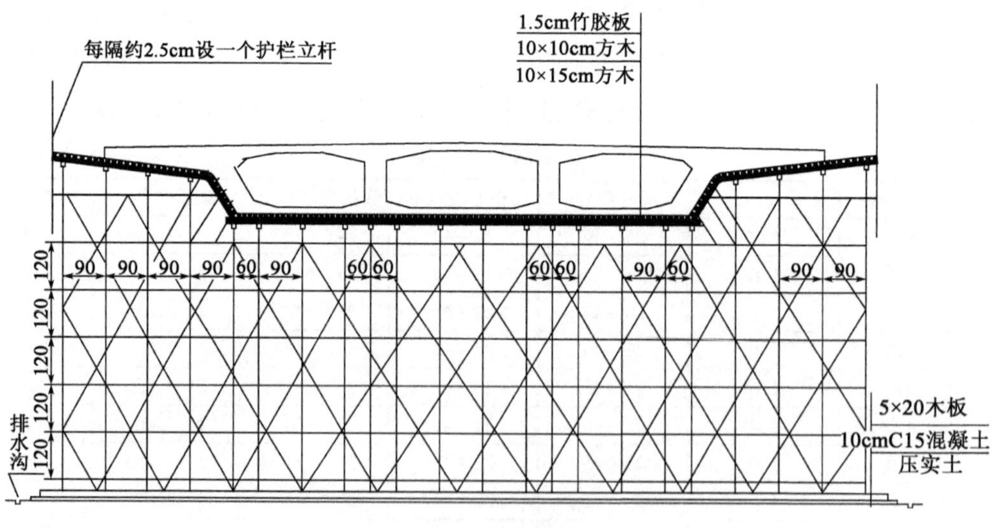

图 5-16 支架横断面图

立杆：横桥向腹板处立杆间距为 0.6m，箱室以及翼板处立杆间距为 0.9m；纵桥向立杆间距为 0.9m，墩柱两侧 7.2m 范围内立杆间距为 0.6m。梁高 2.3m 现浇梁支架在腹板、横梁处立杆步距加密为 0.6m，其余位置立杆步距为 1.2m。

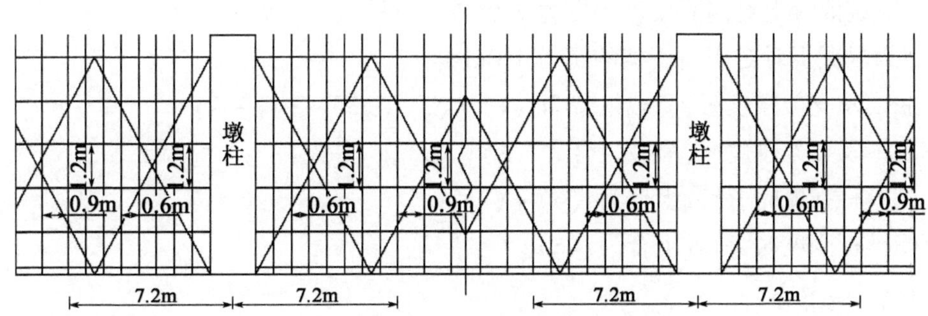

图 5-17　支架纵断面图

主梁:顶托上部横桥向方木(东北落叶松),间距为 60cm(或 90cm)。侧模外主梁采用10 × 15cm 方木间距为 60cm(或 90cm)。

次梁:底模下纵桥向设 10cm × 10cm 方木(东北落叶松),间距为 20cm。

支撑杆:侧模主梁外支撑杆的间距与立杆间距一致。

5.3.1.4　设计参数

现浇梁支架所用主要材料的材料性能参数见表 5-2。

材料性能参数　　表 5-2

序号	材　料	规　格	弹性模量 E(Pa)	截面抵抗矩 W(cm^3)	惯性矩 I(cm^4)	备　注
1	竹胶板	厚 15mm	10×10^9	37.5	28.125	取 1m 宽
2	方木	10 × 10mm	100	166.7	833.3	
3	方木	10 × 15mm	150	375	2812.5	
4	方木	15 × 15mm	225	562.5	4218.75	
5	钢管	ϕ48 × 3.0mm	2.1×10^{11}	4.49	10.78	
钢筋混凝土重度取 26kN/m^3、钢管采用 Q235A 钢材						

材料强度容许应力值见表 5-3。

材料强度容许应力值　　表 5-3

序号	材　料	抗弯容许应力(MPa)	弯曲剪应力(MPa)	抗拉容许应力(MPa)	备　注
1	竹胶板	30	1.3		
2	方木	11	1.3	9	
3	钢管支架	145	85	140	Q235A 钢材

5.3.1.5　荷载组合

(1)模板及支架自重取 2.5kPa;

(2)新浇筑钢筋混凝土重度取 26kN/m^3;

(3)施工人员及施工材料等荷载取 2.5kPa;

(4)振捣混凝土时产生的竖向荷载取 2.0kPa;

(5)倾倒混凝土时产生的竖向荷载取 2.0kPa;

(6)新浇筑混凝土对侧面模板的压力 2.0kPa;

(7)振捣混凝土时对侧面模板的压力 4.0kPa。

计算底模及支架强度时,荷载组合为:(1)+(2)+(3)+(4)+(5)。

计算底模及支架刚度时,荷载组合为:(1)+(2)。

计算侧模板强度时,荷载组合为:(6)+(7)。

计算侧模板刚度时,荷载组合为:(6)。

5.3.1.6 计算分析

1)底模计算

底模采用 15mm 竹胶板,计算时按简支梁考虑,取计算宽度为 1m。模板背肋间距为 20cm。

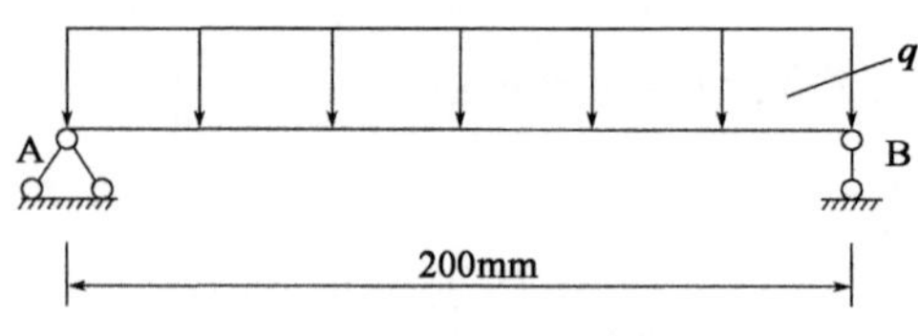

图 5-18 底模计算简图

计算按照最不利工况,进行分析。

(1)计算简图

底模计算简图如图 5-18 所示。

(2)荷载计算

腹板下荷载:

$q_1 = 26 \times 2.3 \times 1 + 2.5 \times 1 = 62.3\text{kN/m}$

$q_2 = 62.3 + (2.5 + 2 + 2) \times 1 = 68.8\text{kN/m}$

箱室下荷载:

$q_1 = 26 \times 0.5 \times 1 + 2.5 \times 1 = 15.5\text{kN/m}$

$q_2 = 15.5 + (2.5 + 2 + 2) \times 1 = 22\text{kN/m}$

(3)抗弯强度计算

$$M = \frac{q_2 l^2}{8} = \frac{68.8 \times 0.2^2}{8} = 0.34\text{kN} \cdot \text{m}$$

$$\delta = \frac{M}{W} = \frac{0.34 \times 10^3}{37.5 \times 10^{-6}} = 9.1\text{MPa} \leqslant [\delta] = 30\text{MPa}\text{,满足要求。}$$

(4)抗剪强度计算

$$V = \frac{1}{2} q_2 l = \frac{1}{2} \times 68.8 \times 0.2 = 6.88\text{kN}$$

$$T = \frac{3V}{2A} = \frac{3 \times 6.88}{2 \times 0.015 \times 1} = 0.688\text{MPa} \leqslant 1.3\text{MPa}\text{,满足要求。}$$

(5)刚度计算

$$f = \frac{5 q_1 l^4}{384 EI} = \frac{5 \times 62.3 \times 200^4}{384 \times 1.0 \times 10^4 \times 28.125 \times 10^4} = 0.45\text{mm} \leqslant 1.5\text{mm}\text{,满足要求。}$$

2)侧模计算

侧模的次梁采用 10cm × 10cm 方木,间距为 20cm。计算时按简支梁考虑,取底模 1m 宽为研究对象,荷载按均布荷载考虑,参见图 5-19。

(1)计算图式

侧模计算图式如图 5-20 所示。

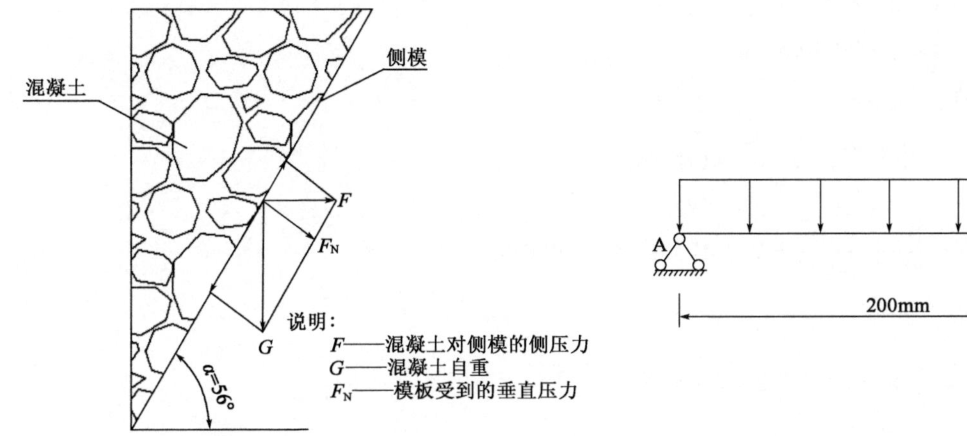

图 5-19　侧模受力示意图

图 5-20　侧模计算图式

(2)荷载计算

新浇筑混凝土对模板的侧压力,可按下列两式计算,并取两式的较小值。

$$F = 0.22 r_c t_0 \beta_1 \beta_2 v^{\frac{1}{2}}$$

$$F = r_c H$$

式中:F——新浇筑混凝土对模板的侧压力(kN/m^2);

r_c——混凝土的重度(kN/m^3);

t_0——新浇筑混凝土的初凝时间(h),当缺乏数据资料时,可采用 $t=200/(T+15)$ 计算,T 为混凝土的温度(℃);

v——混凝土的温度浇筑速度(m/h);

H——混凝土侧压力计算位置处至新浇筑混凝土顶面的总高度(m);

β_1——外加剂影响修正系数,不掺外加剂时取 1.0,掺具有缓凝作用的外加剂时取 1.2;

β_2——混凝土坍落度影响修正系数,当坍落度小于 30mm 时,取 0.85;50 ~ 90mm 时,取 1.0;110 ~ 150mm 时,取 1.15。

根据上述两式得:

$$F_1 = r_c H = 26 \times 2.3 = 59.8\text{kN/m}^2$$

$$F_2 = 0.22 r_c t_0 \beta_1 \beta_2 v^{\frac{1}{2}} = 0.22 \times 26 \times \frac{200}{25+15} \times 1 \times 1.15 \times (1.5)^{\frac{1}{2}} = 40.3\text{kN/m}^2$$

新浇筑混凝土对模板的侧压力取两者较小值,为 40.3kN/m^2,则:

$$F_{N1} = 40.3 \times \sin 56° = 33.4\text{kN/m}^2$$

$$F_{N2} = G \times \cos 56° = 26 \times 2.3 \times \cos 56° = 33.4\text{kN/m}^2$$

$F_N = F_{N1} + F_{N2} = 33.4 + 33.4 = 66.8\text{kN/m}^2$

则：

$q_1 = 66.8 \times 1 = 66.8\text{kN/m}$

$q_2 = 66.8 + 4 \times 1 = 70.8\text{kN/m}$

(3)抗弯强度计算

$$M_{max} = \frac{q_2 l^2}{8} = \frac{70.8 \times 0.2^2}{8} = 0.35\text{kN} \cdot \text{m}$$

$$\delta_{max} = \frac{M_{max}}{W} = \frac{0.35 \times 10^3}{37.5 \times 10^{-6}} = 9.3\text{MPa} \leqslant [\delta] = 30\text{MPa}$$

(4)抗剪强度计算

$$V = \frac{1}{2} q_2 l_2 = \frac{1}{2} \times 70.8 \times 0.2 = 7.08\text{kN}$$

$$T_{max} = \frac{3V}{2A} = \frac{3 \times 7.08}{2 \times 0.015 \times 1} = 0.71\text{MPa} \leqslant 1.3\text{MPa}$$

(5)刚度计算

$$f_{max} = \frac{5 q_1 l^4}{384EI} = \frac{5 \times 66.8 \times 200^4}{384 \times 1.0 \times 10^4 \times 28.125 \times 10^4} = 0.49\text{mm} \leqslant 1.5\text{mm}$$，满足要求。

3)模板背肋 10cm×10cm 方木分析计算

立杆纵向间距为 90cm，加密区间距为 60cm，背肋按三跨连续梁进行计算。

(1)计算模型

计算模型如图 5-21。

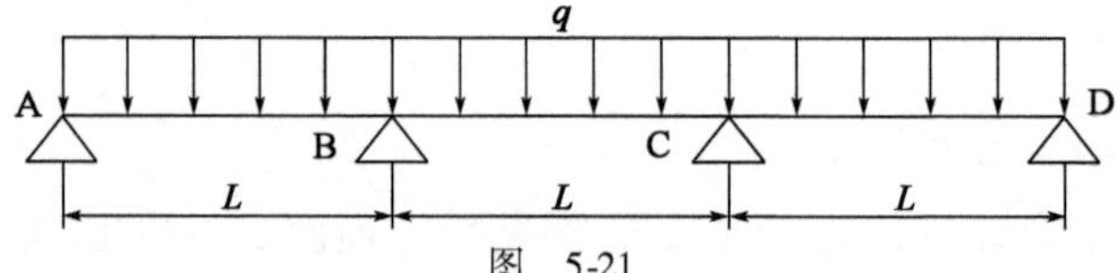

图 5-21

(2)荷载计算

①腹板及横梁位置：

计算强度的荷载 $q_1 = 68.8 \times 0.2 = 13.8\text{kN/m}$

计算刚度的荷载 $q_2 = 62.3 \times 0.2 = 12.5\text{kN/m}$

②箱室位置：

计算强度的荷载 $q_1' = 22 \times 0.2 = 4.4\text{kN/m}$

计算刚度的荷载 $q_2' = 15.5 \times 0.2 = 3.1\text{kN/m}$

(3)受力计算

①腹板位置：

最大弯矩：$M = \dfrac{q_1 l^2}{10} = \dfrac{13.8 \times 0.9^2}{10} = 1.1\text{kN} \cdot \text{m}$

最大剪力：$Q=0.6q_1l=0.6\times13.8\times0.9=7.5\text{kN}$

最大挠度：$\omega=0.677\dfrac{q_2l^4}{100EI}=0.677\dfrac{12.5\times900^4}{100\times1.0\times10^4\times833.3\times10^4}=0.98\text{mm}<[f]=\dfrac{900}{400}=2.25\text{mm}$

最大支座反力：$R_1=1.1q_1l=1.1\times13.8\times0.9=13.6\text{kN}$

横梁位置：

最大弯矩：$M=\dfrac{q_1l^2}{10}=\dfrac{13.8\times0.6^2}{10}=0.46\text{kN}\cdot\text{m}$

最大剪力：$Q=0.6q_1l=0.6\times13.8\times0.6=4.9\text{kN}$

最大挠度：

$$\omega=0.677\frac{q_2'l^4}{100EI}=0.677\frac{12.5\times600^4}{100\times1.0\times10^4\times833.3\times10^4}=0.2\text{mm}<[f]=\frac{600}{400}=1.5\text{mm}$$

最大支座反力：$R_1=1.1q_1l=1.1\times13.8\times0.6=9.1\text{kN}$

②箱室位置：

最大弯矩：$M=\dfrac{q_1'l^2}{10}=\dfrac{4.4\times0.9^2}{10}=0.36\text{kN}\cdot\text{m}$

最大剪力：$Q=0.6q_1'l=0.6\times4.4\times0.9=2.4\text{kN}$

最大挠度：

$\omega=0.677\dfrac{q_2'l^4}{100EI}=0.677\dfrac{3.1\times900^4}{100\times1.0\times10^4\times833.3\times10^4}=0.24\text{mm}<[f]=\dfrac{900}{400}=2.25\text{mm}$ 最大支座反力：$R_1=1.1q_1'l=1.1\times4.4\times0.9=4.4\text{kN}$

(4)强度验算

弯曲应力：

$\sigma=\dfrac{M}{W}=\dfrac{1.1\times10^6}{166.7\times10^3}=6.9\text{N/mm}^2\leqslant[\sigma]=11\text{N/mm}^2$，可满足要求。

剪应力：$\tau=\dfrac{3Q}{2A}=\dfrac{3\times7.5}{2\times0.01}=1.125\text{MPa}<[\tau]=1.3\text{MPa}$，可满足要求。

三种工况挠度均符合要求。

侧模外次梁纵向间距为0.9m，面板荷载 $q=68.8\text{kN/m}^2$，同理计算，满足要求。

4)梁高2.3m支架顶横梁15×15cm方木分析计算

支架顶横梁15×15cm受来自上部方木10×10cm的集中力，大小等于上述计算腹板下支座反力 $F=R_1=13.6\text{kN}$，间距20cm，对应的15×15cm方木跨度为0.6m；端横梁处支座反力 $F=R_2=9.1\text{kN}$，间距20cm，对应的15×15cm方木最大跨度为0.9m。根据两种情况对其进行受力分析。

(1)端横梁下方木受力

端横梁下 15 ×15cm 方木分两种工况进行分析,计算模型如下:

①工况一:

工况一分析计算结果分别见图 5-22 ~ 图 5-26。

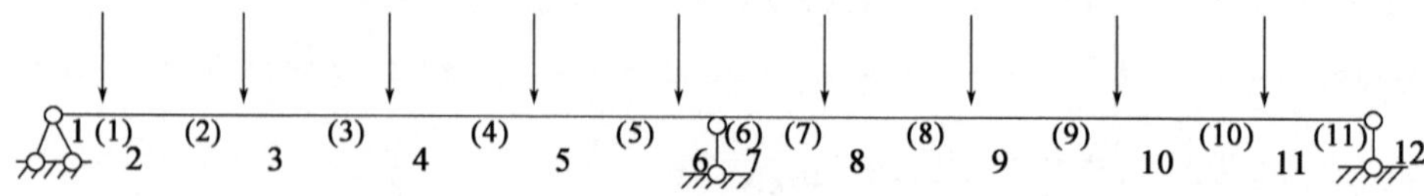

图 5-22 工况一计算模型

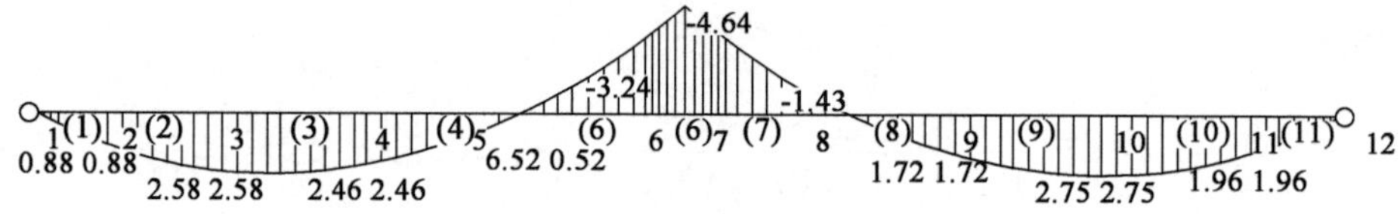

图 5-23 工况一弯矩

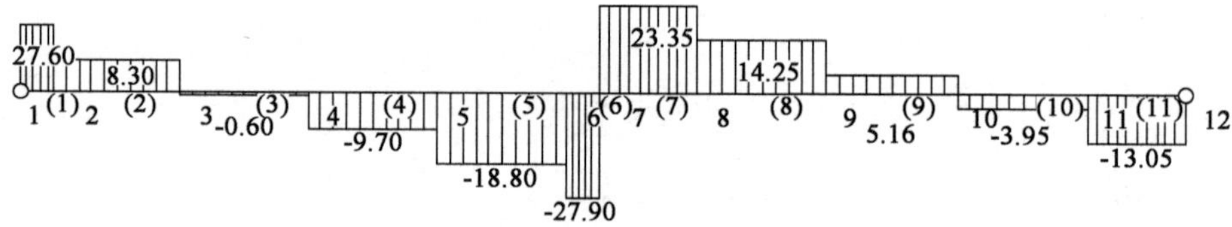

图 5-24 工况一剪力

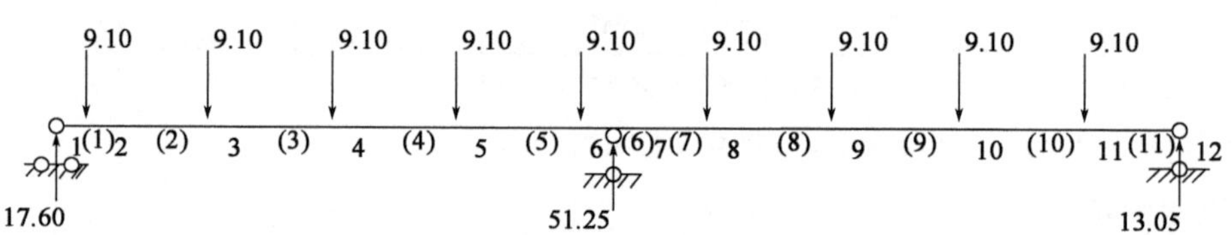

图 5-25 工况一支座反力

单元码	杆端 1			杆端 2		
	u-水平位移	ν-竖直位移	θ-转角	u-水平位移	ν-竖直位移	θ-转角
1	0.00000000	0.00000000	-0.00165485	0.00000000	-0.00008187	-0.00160270
2	0.00000000	-0.00008187	-0.00160270	0.00000000	-0.00033383	-0.00078258
3	0.00000000	-0.00033383	-0.00078258	0.00000000	-0.00036994	0.00041203
4	0.00000000	-0.00036994	0.00041203	0.00000000	-0.00020158	0.00111831
5	0.00000000	-0.00020158	0.00111831	0.00000000	-0.00001269	0.00047344
6	0.00000000	-0.00001269	0.00047344	0.00000000	0.00000000	0.00000674
7	0.00000000	0.00000000	0.00000674	0.00000000	-0.00009146	-0.00101869
8	0.00000000	-0.00009146	-0.00101869	0.00000000	-0.00030387	-0.00088013
9	0.00000000	-0.00030387	-0.00088013	0.00000000	-0.00038220	0.00017816
10	0.00000000	-0.00038220	0.00017816	0.00000000	-0.00022881	0.00129338
11	0.00000000	-0.00022881	0.00129338	0.00000000	0.00000000	0.00164137

图 5-26 工况一变形

②工况二：

工况二分析计算结果分别见图5-27～图5-31。

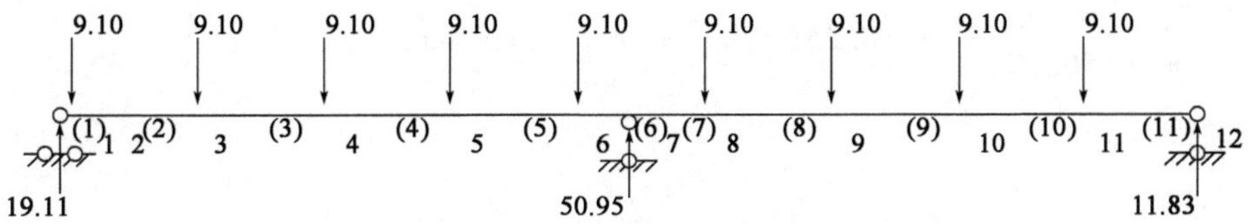

图5-27 工况二受力模型

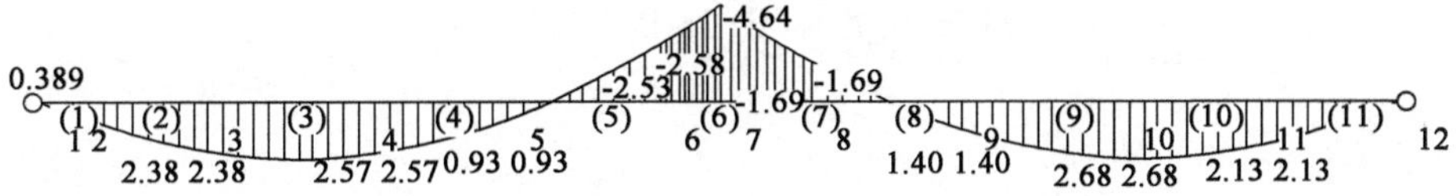

图5-28 工况二弯矩

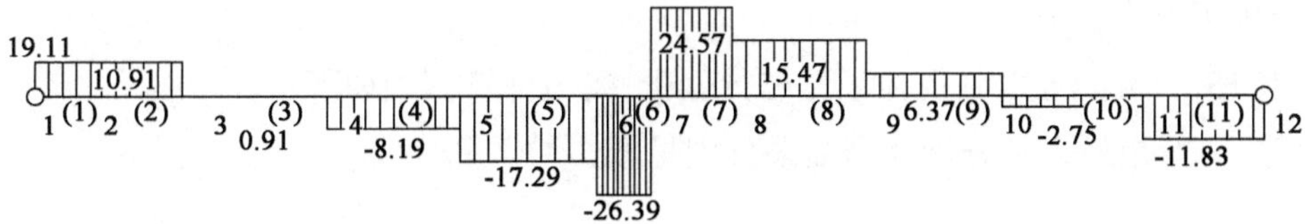

图5-29 工况二剪力

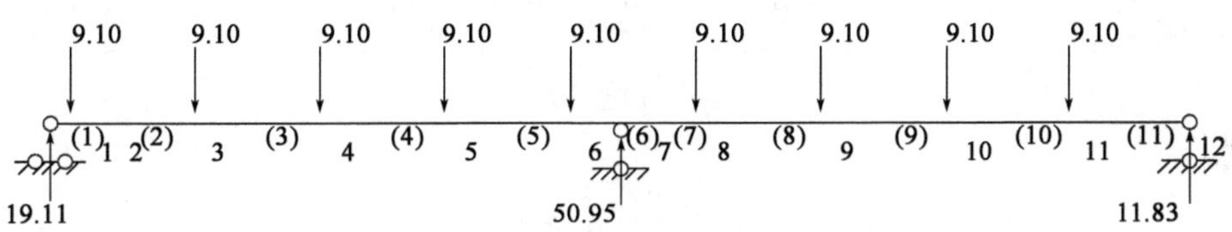

图5-30 工况二支座反力

单元码	杆端1			杆端2		
	u-水平位移	ν-竖直位移	θ-转角	u-水平位移	ν-竖直位移	θ-转角
1	0.00000000	0.00000000	-0.00160656	0.00000000	-0.00003207	-0.00159750
2	0.00000000	-0.00003207	-0.00159750	0.00000000	-0.00030180	-0.00094158
3	0.00000000	-0.00030180	-0.00094158	0.00000000	-0.00037417	0.00023232
4	0.00000000	-0.00037417	0.00023232	0.00000000	-0.00023186	0.00106140
5	0.00000000	-0.00023186	0.00106140	0.00000000	-0.00003012	0.00068284
6	0.00000000	-0.00003012	0.00068284	0.00000000	0.00000000	0.00000345
7	0.00000000	0.00000000	0.00000345	0.00000000	-0.00006197	-0.00089658
8	0.00000000	-0.00006197	-0.00089658	0.00000000	-0.00027253	-0.00096459
9	0.00000000	-0.00027253	-0.00096459	0.00000000	-0.00037880	0.00000248
10	0.00000000	-0.00037880	0.00000248	0.00000000	-0.00026005	0.00114181
11	0.00000000	-0.00026005	0.00114181	0.00000000	0.00000000	0.00159621

图5-31 工况二变形

根据上述分析图得：

最大弯曲应力：

$$\sigma_{\max}=\frac{M_{\max}}{W}=\frac{4.64\times10^{6}}{562.5\times10^{3}}=8.25\text{N/mm}^{2}\leqslant[\sigma]=11\text{N/mm}^{2}$$

最大支座反力：

$R=51.3\text{kN}$

横纹局部承压验算：

$$\sigma=\frac{R}{bl}=\frac{51.3}{0.15\times0.15}=2.28\text{MPa}\leqslant[f_{c}]=2.9\text{MPa}$$

最大挠度：

$$\omega_{\max}=0.38\text{mm}<[f]=\frac{900}{400}=2.25\text{mm}$$

(2)腹板下方木受力

腹板下 15×15cm 方木分两种工况进行分析，受力计算模型如下：

①工况一：弯矩最大时分析计算结果分别见图 5-32～图 5-36。

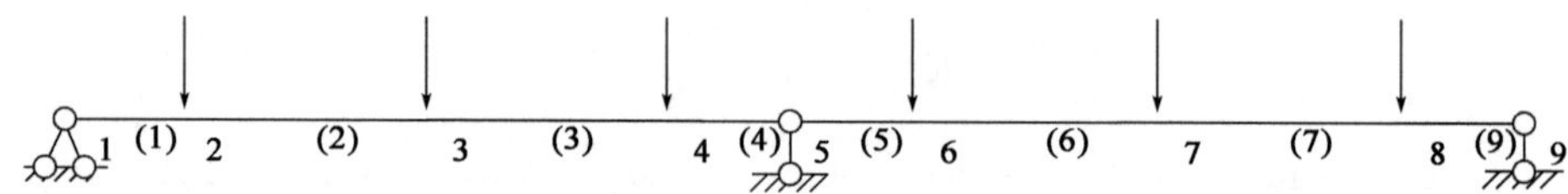

图 5-32　工况一受力模型

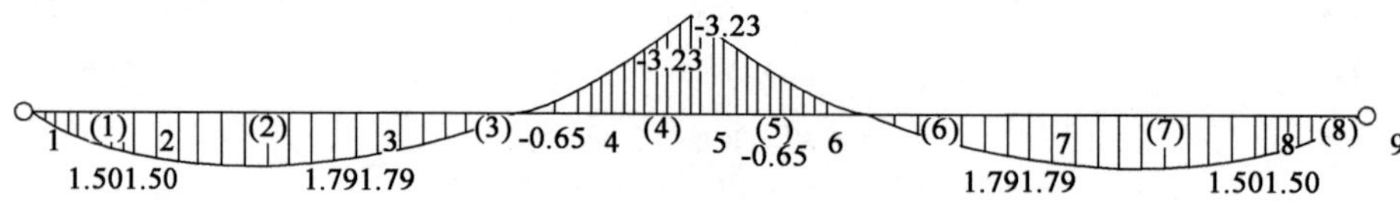

图 5-33　工况一弯矩

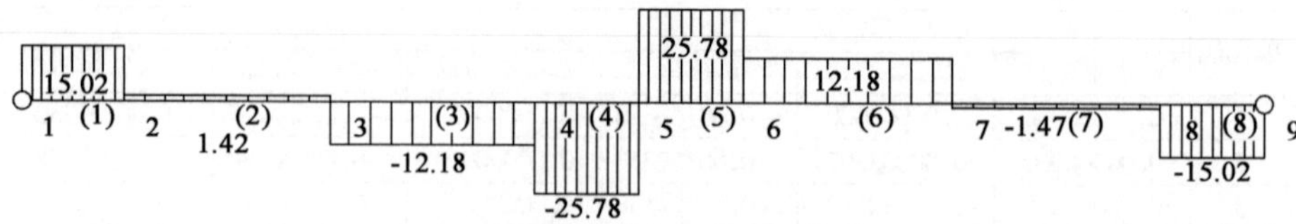

图 5-34　工况一剪力

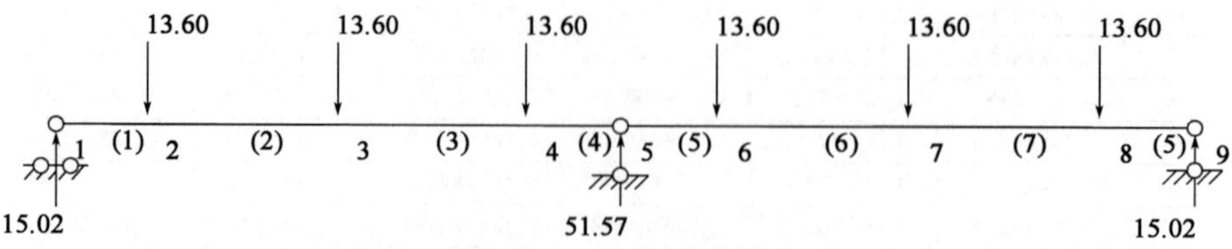

图 5-35　工况一支座反力

单元码	杆端 1			杆端 2		
	u-水平位移	*ν*-竖直位移	*θ*-转角	*u*-水平位移	*ν*-竖直位移	*θ*-转角
1	0.00000000	0.00000000	−0.00076563	0.00000000	−0.00007063	−0.00058765
2	0.00000000	−0.00007063	−0.00058765	0.00000000	−0.00011249	0.00019141
3	0.00000000	−0.00011249	0.00019141	0.00000000	−0.00002810	0.00046005
4	0.00000000	−0.00002810	0.00046005	0.00000000	0.00000000	−0.00000000
5	0.00000000	0.00000000	−0.00000000	0.00000000	−0.00002810	−0.00046005
6	0.00000000	−0.00002810	−0.00046005	0.00000000	−0.00011249	−0.00019141
7	0.00000000	−0.00011249	−0.00019141	0.00000000	−0.00007063	0.00058765
8	0.00000000	−0.00007063	0.00058765	0.00000000	0.00000000	0.00076563

图 5-36　工况一变形

②工况二:剪力最大时分析计算结果分别见图 5-37 ~ 图 5-41。

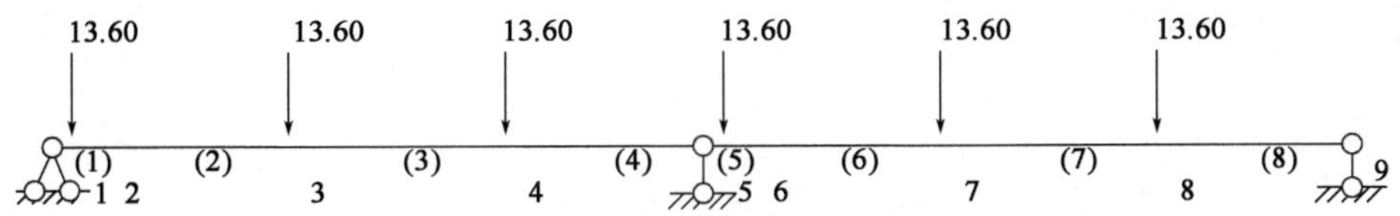

图 5-37　工况二受力模型

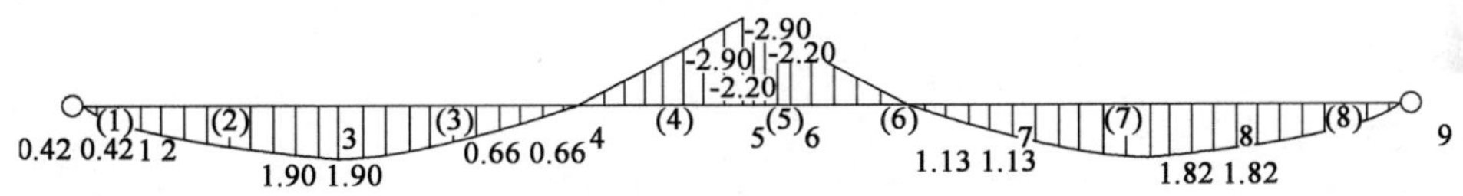

图 5-38　工况二弯矩

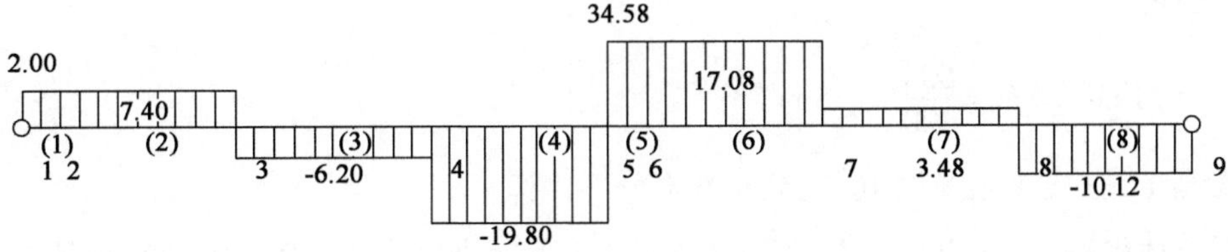

图 5-39　工况二剪力

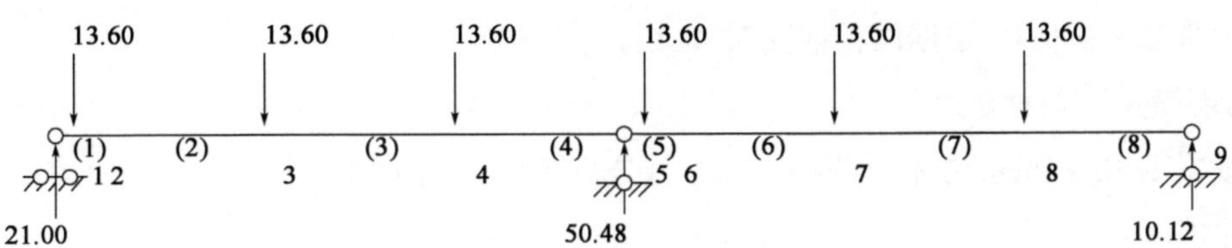

图 5-40　工况二支座反力

单元码	杆端1			杆端2		
	u-水平位移	ν-竖直位移	θ-转角	u-水平位移	ν-竖直位移	θ-转角
1	0.00000000	0.00000000	-0.00069600	0.00000000	-0.00001385	-0.00068604
2	0.00000000	-0.00001385	-0.00068604	0.00000000	-0.00010776	-0.00013608
3	0.00000000	-0.00010776	-0.00013608	0.00000000	-0.00006449	0.00047084
4	0.00000000	-0.00006449	0.00047084	0.00000000	0.00000000	-0.00000774
5	0.00000000	0.00000000	-0.00000774	0.00000000	-0.00000143	-0.00013084
6	0.00000000	-0.00000143	-0.00013084	0.00000000	-0.00008219	-0.00040679
7	0.00000000	-0.00008219	-0.00040679	0.00000000	-0.00009918	0.00029189
8	0.00000000	-0.00009918	0.00029189	0.00000000	0.00000000	0.00068052

图5-41 工况二变形

根据上述分析图得：

最大弯曲应力：

$$\sigma_{max}=\frac{M_{max}}{W}=\frac{3.23\times10^6}{562.5\times10^3}=5.75\text{N/mm}^2\leqslant[\sigma]=11\text{N/mm}^2$$

最大支座反力：

$R=51.5\text{kN}$

横纹局部承压验算：

$$\sigma=\frac{R}{bl}=\frac{51.5}{0.15\times0.15}=2.2\text{MPa}\geqslant[f_c]=2.9\text{MPa}$$

最大挠度：

$$\omega_{max}=0.1\text{mm}<[f]=\frac{600}{400}=1.5\text{mm}$$

5）梁高1.6m支架顶横梁10×15cm方木分析计算

根据上述梁高2.3m设计验算，梁高1.6m腹板下支座反力$F=R_1=9.1$kN，间距20cm，对应的10×15cm方木跨度为0.6m；端横梁处支座反力$F=R_2=6.1$kN，间距20cm，对应的15×10cm方木最大跨度为0.9m。根据两种情况对其进行受力分析。

（1）端横梁下方木受力

端横梁下10×15cm方木分两种工况进行分析，计算模型如下：

①工况一：

见图5-42～图5-46。

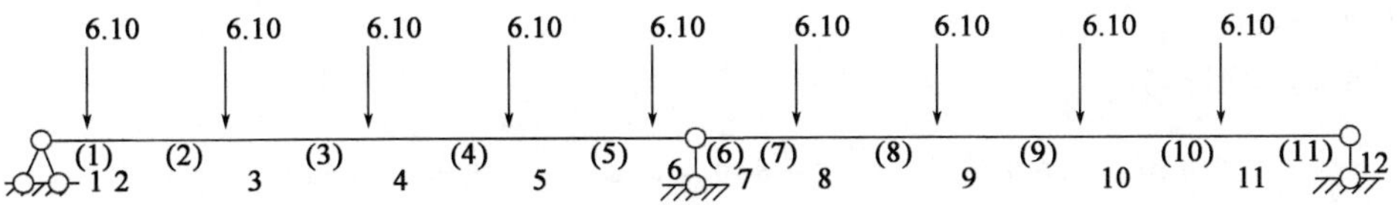

图5-42　工况一计算模型

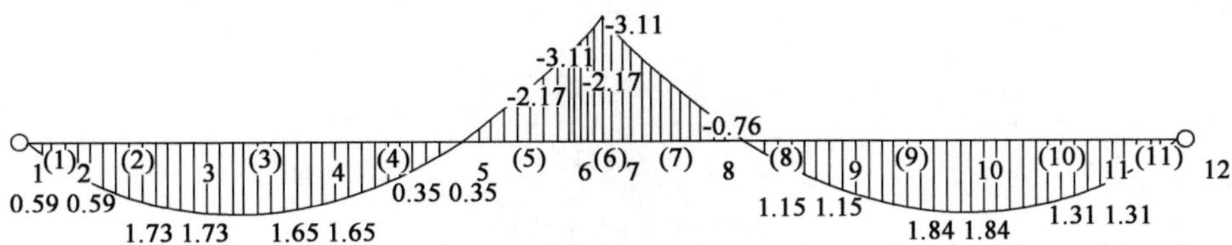

图5-43　工况一弯矩

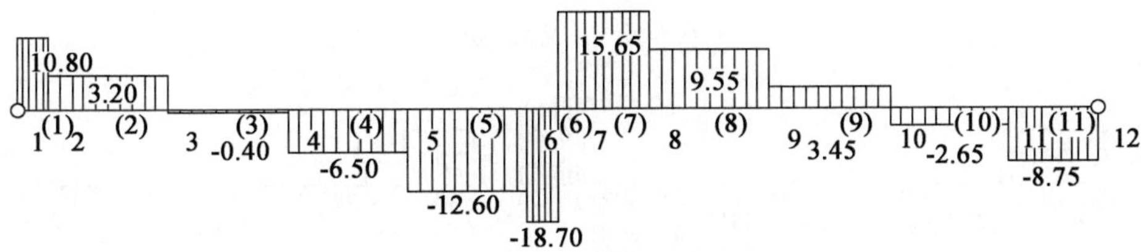

图5-44　工况一剪力

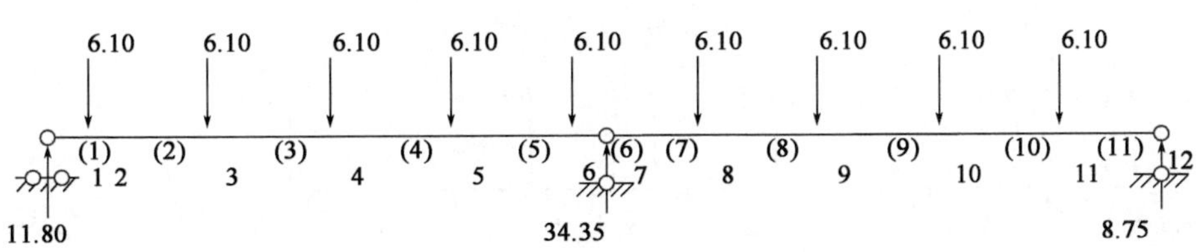

图5-45　工况一支座反力

单元码	杆端1			杆端2		
	u-水平位移	v-竖直位移	θ-转角	u-水平位移	v-竖直位移	θ-转角
1	0.00000000	0.00000000	-0.00166394	0.00000000	-0.00008232	-0.00161151
2	0.00000000	-0.00008232	-0.00161151	0.00000000	-0.00033567	-0.00078688
3	0.00000000	-0.00033567	-0.00078688	0.00000000	-0.00037197	0.00041429
4	0.00000000	-0.00037197	0.00041429	0.00000000	-0.00020269	0.00112445
5	0.00000000	-0.00020269	0.00112445	0.00000000	-0.00001276	0.00047604
6	0.00000000	-0.00001276	0.00047604	0.00000000	0.00000000	0.00000678
7	0.00000000	0.00000000	0.00000678	0.00000000	-0.00009197	-0.00102429
8	0.00000000	-0.00009197	-0.00102429	0.00000000	-0.00030554	-0.00088497
9	0.00000000	-0.00030554	-0.00088497	0.00000000	-0.00038430	0.00017914
10	0.00000000	-0.00038430	0.00017914	0.00000000	-0.00023006	0.00130049
11	0.00000000	-0.00023006	0.00130049	0.00000000	0.00000000	0.00165039

图5-46　工况一变形

②工况二：

见图 5-47 ~ 图 5-51。

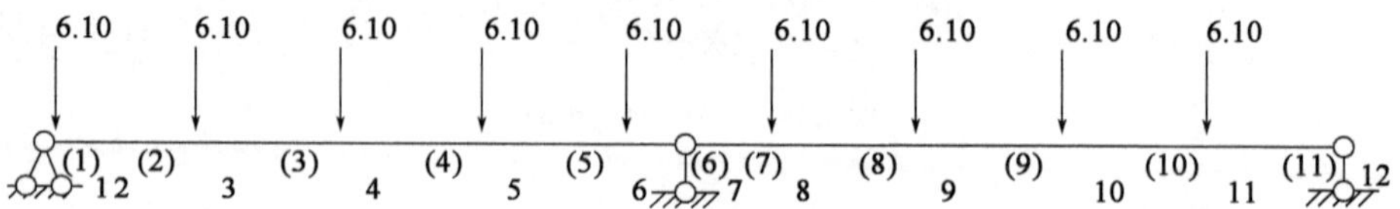

图 5-47　工况二受力模型

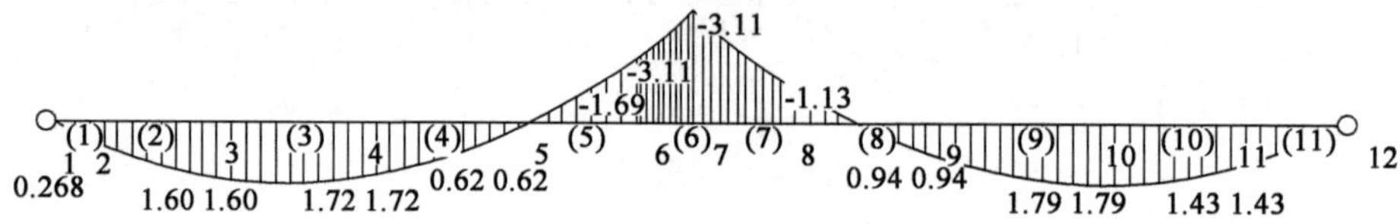

图 5-48　工况二弯矩

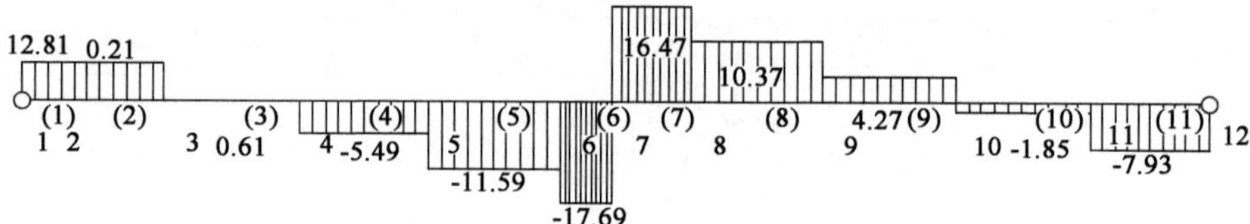

图 5-49　工况二剪力

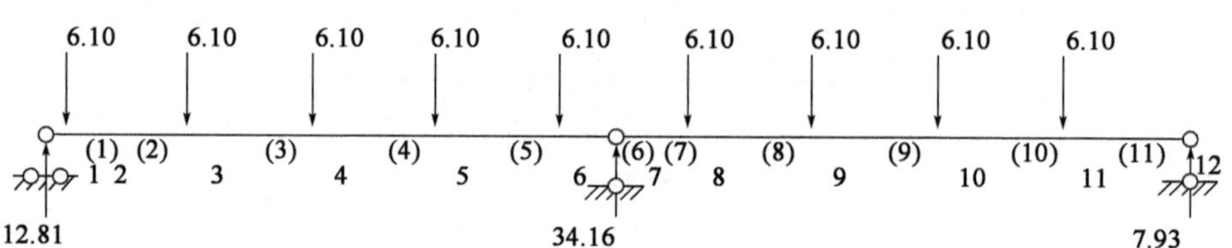

图 5-50　工况二支座反力

单元码	杆端 1			杆端 2		
	u-水平位移	ν-竖直位移	θ-转角	u-水平位移	ν-竖直位移	θ-转角
1	0.00000000	0.00000000	-0.00161539	0.00000000	-0.00003225	-0.00160628
2	0.00000000	-0.00003225	-0.00160628	0.00000000	-0.00030346	-0.00094676
3	0.00000000	-0.00030346	-0.00094676	0.00000000	-0.00037623	0.00023360
4	0.00000000	-0.00037623	0.00023360	0.00000000	-0.00023314	0.00106723
5	0.00000000	-0.00023314	0.00106723	0.00000000	-0.00003029	0.00068659
6	0.00000000	-0.00003029	0.00068659	0.00000000	0.00000000	0.00000347
7	0.00000000	0.00000000	0.00000347	0.00000000	-0.00006231	-0.00090150
8	0.00000000	-0.00006231	-0.00090150	0.00000000	-0.00027403	-0.00096989
9	0.00000000	-0.00027403	-0.00096989	0.00000000	-0.00038088	0.00000250
10	0.00000000	-0.00038088	0.00000250	0.00000000	-0.00026148	0.00114809
11	0.00000000	-0.00026148	0.00114809	0.00000000	0.00000000	0.00160498

图 5-51　工况二变形

根据上述分析图得：

最大弯曲应力：

$$\sigma_{max}=\frac{M_{max}}{W}=\frac{3.11\times10^{6}}{281.25\times10^{3}}=11\text{N/mm}^2\leqslant[\sigma]=11\text{N/mm}^2$$

最大支座反力：

$R=34.4\text{kN}$

横纹局部承压验算：

$$\sigma=\frac{R}{bl}=\frac{34.4}{0.15\times0.15}=2.29\text{MPa}[f_c]=2.9\text{MPa}$$

最大挠度：

$$\omega_{max}=0.38\text{mm}<[f]=\frac{900}{400}=2.25\text{mm}$$

(2)腹板下方木受力

腹板下 10×15cm 方木分两种工况进行分析,受力计算模型如下：

①工况一：弯矩最大时见图 5-52 ~ 图 5-56。

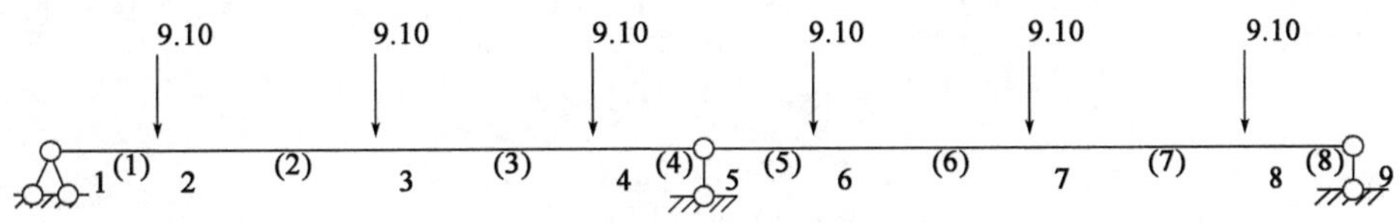

图 5-52 工况一受力模型

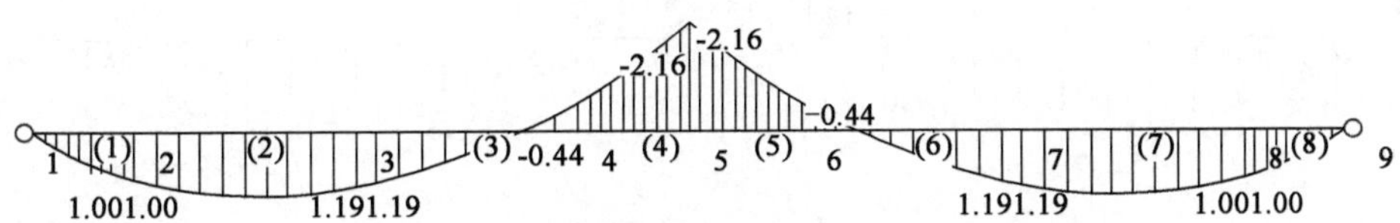

图 5-53 工况一弯矩

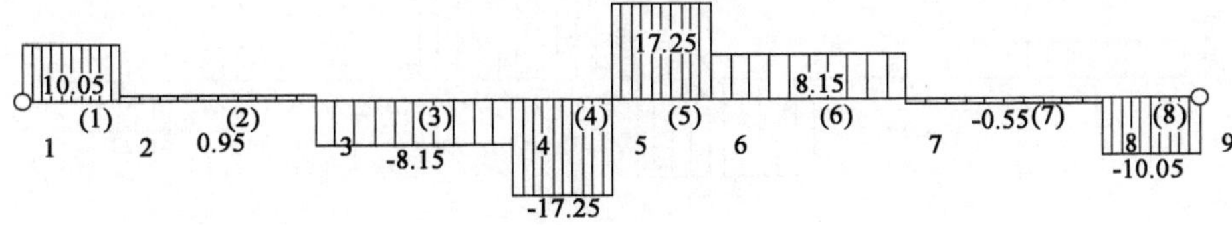

图 5-54 工况一剪力

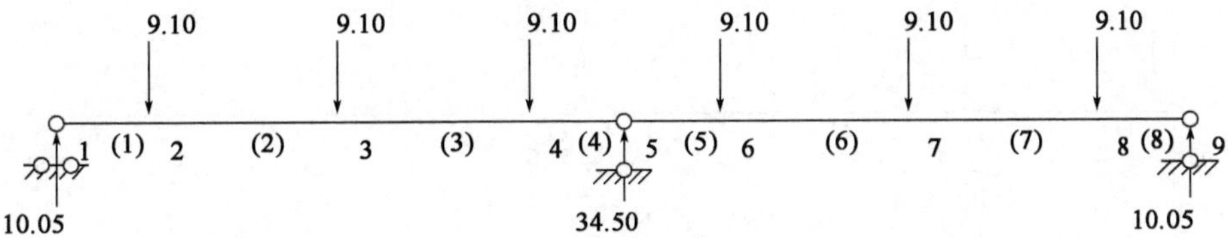

图 5-55 工况一支座反力

单元码	杆端1			杆端2		
	u-水平位移	v-竖直位移	θ-转角	u-水平位移	v-竖直位移	θ-转角
1	0.00000000	0.00000000	-0.00076844	0.00000000	-0.00007089	-0.00058981
2	0.00000000	-0.00007089	-0.00058981	0.00000000	-0.00011291	0.00019211
3	0.00000000	-0.00011291	0.00019211	0.00000000	-0.00002820	0.00046174
4	0.00000000	-0.00002820	0.00046174	0.00000000	0.00000000	0.00000000
5	0.00000000	0.00000000	0.00000000	0.00000000	-0.00002820	-0.00046174
6	0.00000000	-0.00002820	-0.00046174	0.00000000	-0.00011291	-0.00019211
7	0.00000000	-0.00011291	-0.00019211	0.00000000	-0.00007089	0.00058981
8	0.00000000	-0.00007089	0.00058981	0.00000000	0.00000000	0.00076844

图5-56　工况一变形

②工况二:剪力最大时见图5-57～图5-61。

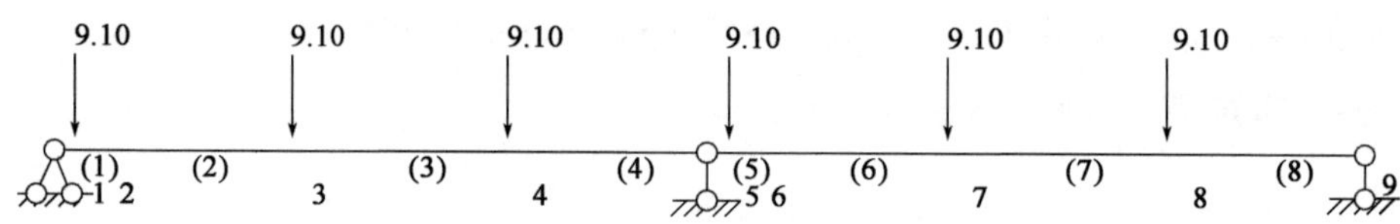

图5-57　工况二受力模型

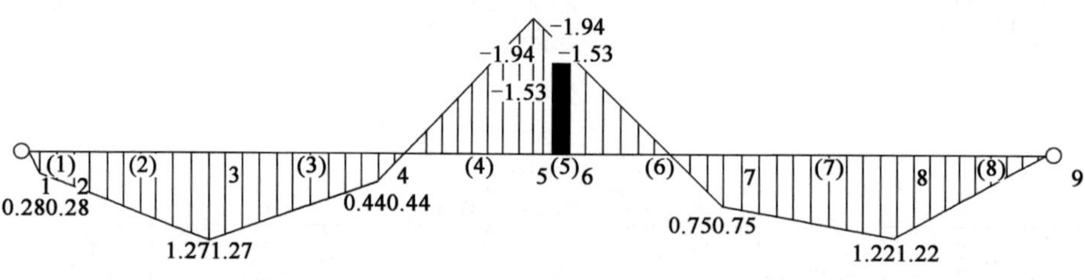

图5-58　工况二弯矩

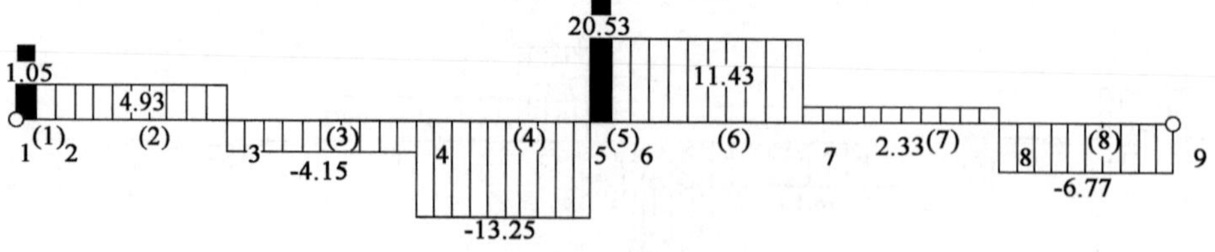

图5-59　工况二剪力

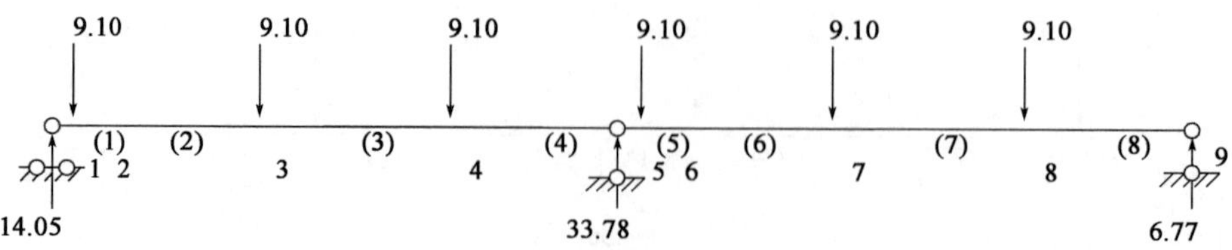

图5-60　工况二支座反力

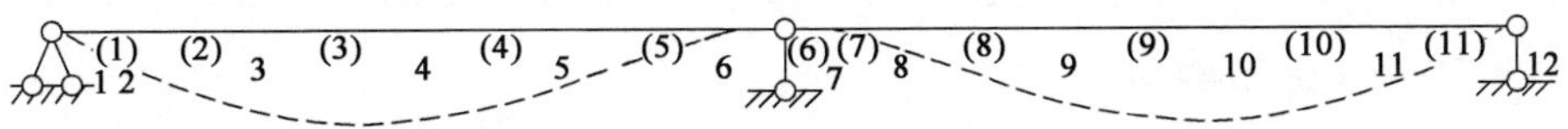

单元码	杆端1			杆端2		
	u-水平位移	v-竖直位移	θ-转角	u-水平位移	v-竖直位移	θ-转角
1	0.00000000	0.00000000	-0.00069856	0.00000000	-0.00001390	-0.00068856
2	0.00000000	-0.00001390	-0.00068856	0.00000000	-0.00010816	-0.00013658
3	0.00000000	-0.00010816	-0.00013658	0.00000000	-0.00006473	0.00047257
4	0.00000000	-0.00006473	0.00047257	0.00000000	0.00000000	-0.00000777
5	0.00000000	0.00000000	-0.00000777	0.00000000	-0.00000144	-0.00013133
6	0.00000000	-0.00000144	-0.00013133	0.00000000	-0.00008249	-0.00040829
7	0.00000000	-0.00008249	-0.00040829	0.00000000	-0.00009954	0.00029296
8	0.00000000	-0.00009954	0.00029296	0.00000000	0.00000000	0.00068303

图5-61　工况二变形

根据上述分析图得：

最大弯曲应力：

$$\sigma_{max}=\frac{M_{max}}{W}=\frac{2.16\times10^6}{281.25\times10^3}=7.68\text{N/mm}^2\leqslant[\sigma]=11\text{N/mm}^2$$

最大支座反力：

$R=34.5\text{kN}$

横纹局部承压验算：

$$\sigma=\frac{R}{bl}=\frac{34.5}{0.1\times0.15}=2.3\text{MPa}\leqslant[f_c]=2.9\text{MPa}$$

最大挠度：$\omega_{max}=0.1\text{mm}<[f]=\frac{600}{400}=1.5\text{mm}$

6）立杆稳定性计算

（1）风荷载计算

参考现行国家标准《建筑施工碗扣式钢管脚手架安全技术规范》（JGJ 166—2016），作用于脚手架上的水平风荷载标准值应按下式计算：

$$\omega_k=\mu_z\cdot\mu_s\cdot\omega_o$$

式中：ω_k——风荷载标准值（kN/m^2）；

μ_z——风压高度变化系数，按C类20m查现行国家标准《建筑结构荷载规范》表7-2-1得 $\mu_z=0.84$；

μ_s——风荷载体型系数：$\mu_s=1.3\times\frac{1.2A_n}{A_w}=0.312$；

ω_o——基本风压(kN/m^2),按现行国家标准《建筑结构荷载规范》附表 D.4 的规定取$n=10$得 $\omega_o=0.35kN/m^2$。

计算:$\omega_k=\mu_z\cdot\mu_s\cdot\omega_o=0.84\times0.312\times0.3=0.078kN/m^2$

由风荷载设计值产生的立杆段弯矩可按下式计算:

$$M_w=1.4l_a\times l_0^2\frac{\omega_k}{8}-P_r\frac{l_0}{4}$$

$$P_r=\frac{5}{16}\times1.4\omega_k l_a l_0$$

式中:l_a——立杆纵向间距,取 0.9m;

l_0——立杆计算长度;

腹板、横梁处,取 $l_0=h+2a=0.6+0.6=1.2m$;

箱室处,取 $l_0=h+2a=1.2+0.6=1.8m$;

ω_k——风荷载标准值(kN/m^2);

P_r——风荷载作用下内外排立杆间横杆的支承力(kN)。

代入计算:

$$M_w=1.4l_a\times l_0^2\frac{\omega_k}{8}-P_r\frac{l_0}{4}=0.01kN\cdot m$$

$$M_w=1.4l_a\times l_0^2\frac{\omega_k}{8}-P_r\frac{l_0}{4}=0.015kN\cdot m$$

(2)立杆稳定性验算

梁高 2.3m:立杆稳定性验算

$$\sigma=\frac{N}{\varphi A}+0.9\frac{M_w}{W}\leqslant f$$

式中:N——立杆轴力,$N=R=51.5kN$;

φ——轴心受压构件稳定系数;

A——立杆截面面积(mm);

f——立杆强度设计值(N/mm^2)。

①工况一:腹板、横梁处立杆步距 0.6m

A. 支架顶悬臂端

立杆长细比:$\lambda=\frac{l_0}{i}$,则:$\lambda=\frac{l_0}{i}=\frac{1.2}{0.0159}=75$

查《路桥施工计算手册》附表 3-26 得轴心受压稳定系数 $\varphi=0.750$

Q235A 钢材抗拉、抗压和抗弯拉容许值为 145MPa

$$\sigma=\frac{N}{\varphi A}+0.9\frac{M_w}{W}=\frac{51.5}{0.750\times4.24\times10^{-4}}+0.9\frac{0.01}{4.49\times10^{-6}}=163.9\text{MPa}\geqslant f=145\text{MPa}$$

《公路桥涵钢结构及木结构设计规范》(JTJ 025-86)规定:对于临时性结构,荷载组合为Ⅱ、Ⅲ、Ⅳ、Ⅴ时可乘以 1.4 的提高系数,即 $[\sigma_w]=1.4\times145=203\text{MPa}$,故检算通过。满足稳定性要求。

B. 中间步距

立杆长细比:$\lambda=\frac{l_0}{i}$,则:$\lambda=\frac{l_0}{i}=\frac{0.6}{0.0159}=38$

查《路桥施工计算手册》附表 3-26 得轴心受压稳定系数 $\varphi=0.893$

Q235A 钢材抗拉、抗压和抗弯拉容许值为 145MPa

$\sigma=\frac{N}{\varphi A}+0.9\frac{M_w}{W}=\frac{51.5}{0.893\times4.24\times10^{-4}}+0.9\times\frac{0.01}{4.49\times10^{-6}}=138\text{MPa}\leqslant f=145\text{MPa}$,满足稳定性要求。

②工况二:箱室处立杆步距 1.2m

A. 支架顶悬臂端

立杆长细比:$\lambda=\frac{l_0}{i}$,则:$\lambda=\frac{l_0}{i}=\frac{1.8}{0.0159}=113$

查《路桥施工计算手册》附表 3-26 得轴心受压稳定系数 $\varphi=0.496$

Q235A 钢材抗拉、抗压和抗弯拉容许值为 145MPa

$\sigma=\frac{N}{\varphi A}+0.9\frac{M_w}{W}=\frac{16.54}{0.496\times4.24\times10^{-4}}+0.9\frac{0.015}{4.49\times10^{-6}}=81.5\text{MPa}\leqslant f=145\text{MPa}$,满足稳定性要求。

B. 中间步距

立杆长细比:$\lambda=\frac{l_0}{i}$,则:$\lambda=\frac{l_0}{i}=\frac{1.2}{0.0159}=75$

查《路桥施工计算手册》附表 3-26 得轴心受压稳定系数 $\varphi=0.750$

Q235A 钢材抗拉、抗压和抗弯拉容许值为 145MPa

$\sigma=\frac{N}{\varphi A}+0.9\frac{M_w}{W}=\frac{16.5}{0.750\times4.24\times10^{-4}}+0.9\times\frac{0.015}{4.49\times10^{-6}}=54.9\text{MPa}\leqslant f=145\text{MPa}$,满足稳定性要求。

③梁高 1.6m:立杆稳定性验算(立杆步距 1.2m)

立杆所受轴力 $N=R=34.5\text{kN}$

A. 支架顶悬臂端

立杆长细比：$\lambda=\frac{l_0}{i}$，则：$\lambda=\frac{l_0}{i}=\frac{1.8}{0.0159}=113$

查《路桥施工计算手册》附表3-26得轴心受压稳定系数 $\varphi=0.496$

Q235A钢材抗拉、抗压和抗弯拉设计值为145MPa

$$\sigma=\frac{N}{\varphi A}+0.9\frac{M_w}{W}=\frac{34.5}{0.496\times4.24\times10^{-4}}+0.9\times\frac{0.015}{4.49\times10^{-6}}=167\text{MPa}\leqslant f=145\text{MPa}$$

《公路桥涵钢结构及木结构设计规范》(JTJ 025-86)规定：对于临时性结构，荷载组合为Ⅱ、Ⅲ、Ⅳ、Ⅴ时可乘以1.4的提高系数，即$[\sigma_w]=1.4\times145=203\text{MPa}$，故检算通过。

满足稳定性要求。

B. 中间步距

立杆长细比：$\lambda=\frac{l_0}{i}$，则：$\lambda=\frac{l_0}{i}=\frac{1.2}{0.0159}=75$

查《路桥施工计算手册》附表3-26得轴心受压稳定系数 $\varphi=0.750$

Q235A钢材抗拉、抗压和抗弯拉设计值为145MPa

$\sigma=\frac{N}{\varphi A}+0.9\frac{M_w}{W}=\frac{34.5}{0.750\times4.24\times10^{-4}}+0.9\times\frac{0.015}{4.49\times10^{-6}}=111.5\text{MPa}\leqslant f=145\text{MPa}$，满足稳定性要求。

7)地基承载力验算

立杆底座下垫5×20cm木板，同时梁高1.6m支架基础进行10cmC15混凝土硬化，同时梁高2.3m支架基础进行15cmC15混凝土硬化，扩散角$\theta=45°$。

梁高1.6m地基承载力验算：

$$f_1=\frac{N}{A}=\frac{34.5}{(0.2+2\times0.1\tan45°)\times(0.15+2\times0.05\tan45°+2\times0.1\tan45°)}=191\text{kPa}$$

梁高2.3m地基承载力验算：

$$f_2=\frac{N}{A}=\frac{51.5}{(0.2+2\times0.15\tan45°)\times(0.15+2\times0.05\tan45°+2\times0.15\tan45°)}=187\text{kPa}$$

5.3.2 盘扣式支架设计计算

5.3.2.1 计算依据

(1)设计图纸及相关详勘报告；

(2)《建筑结构荷载规范》(GB 50009—2012)；

(3)《钢结构设计规范》(GB 50017—2017)；

(4)《冷弯薄壁型钢结构技术规范》(GB 50018—2002);

(5)《建筑施工承插型盘扣式钢管支架安全技术规程》(JGJ 231—2010)。

本计算书采用设计理论为极限承载法。

5.3.2.2　荷载工况

混凝土浇筑时的冲击荷载和振动荷载等。

(1)钢筋混凝土自重:26kN/m^3;

(2)模板及主次龙骨:1.2kN/m^2;

(3)施工荷载:3kN/m^2。

荷载组合:恒荷载分项系数取1.2,活荷载分项系数取1.4;材料特性见表5-4。

材料特性　　表5-4

材料名称	材质	截面尺寸(mm)	壁厚(mm)	强度f_m(N/mm^2)	弹性模量E(N/mm^2)	惯性矩I(mm^4)	截面抵抗矩W(mm^3)	回转半径i(mm)
立杆	Q345B	60.2	3.2	300	2.06×10^5	2.31×10^5	7.7×10^3	20.10
水平杆	Q235	48.2	2.5	205	2.06×10^5	9.39×10^4	3.86×10^3	1.59
竖向斜杆	Q235	48.2	2.75	205	2.06×10^5	10.17×10^4	4.2×10^3	1.59
10#槽钢	Q235	/	/	205	2.06×10^5	1.98×10^6	3.97×10^4	/
面板	多层板	/	15	13	6000	281250	37500	/

5.3.2.3　最不利位置处计算

图5-62是支架受力简图。

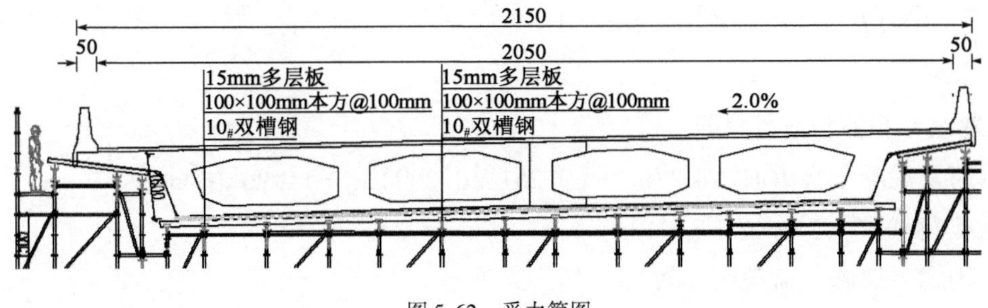

图5-62　受力简图

1)断面位置处面板计算

以最不利位置,1.6m高混凝土位置,模板多层板(15mm厚)计算底模采用满铺15mm多层板,取1m板宽验算:

截面抗弯模量 $W=\dfrac{bh^2}{6}=\dfrac{1000\times15^2}{6}=37500\text{mm}^3$

截面惯性矩 $I=\dfrac{bh^3}{12}=\dfrac{1000\times15^3}{12}=281250\text{mm}^4$

作用于 15mm 多层板的最大荷载：

(1)取 1.6m 厚腹板位置处计算

a. 钢筋及混凝土自重取 $26kN/m^3 \times 1.6m$(梁高) $=41.6kN/m^2$

b. 面板荷载取 $1.2kN/m^2$

c. 结构脚手架施工荷载为 $3kN/m^2$

荷载组合：

恒荷载分项系数取 1.2；活荷载分项系数取 1.4；取 1m 宽的板为计算单元。

则：

$q_1=(a+b+c)\times 1m=45.8kN/m$

$q_2=[1.2\times(a+b)+1.4\times c]\times 1m=55.56kN/m$

面板按三跨连续梁计算，支撑跨径取 $l=160mm$，见图 5-63。

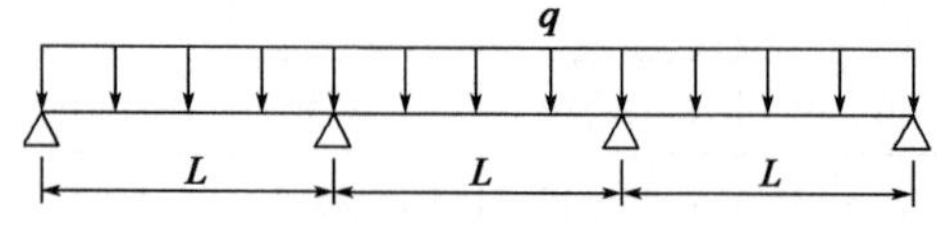

图 5-63 受力计算简图

$$M_{max}=\frac{q_{max}l^2}{10}=\frac{55.56\times 100^2}{10}=55560N\cdot mm$$

强度验算：

最大弯应力

$\sigma_{max}=\frac{M_{max}}{W}=\frac{55560N\cdot mm}{37500mm^3}=1.48N/mm^2\leqslant f_m=13N/mm^2$ 故，强度满足要求。

挠度验算：

最大挠度

$w_{max}=\frac{0.677q_1l^4}{100EI}=\frac{0.677\times 45.8\times 100^4}{100\times 6000\times 281250}=0.02mm\leqslant[w]=\frac{l}{400}=0.25mm$ 故，15mm 多层板验算满足要求。

(2)取空心箱室位置处计算

a. 钢筋及混凝土自重取 $26kN/m^3\times(0.251+0.209)m=11.96kN/m^2$

b. 面板荷载取 $1.2kN/m^2$

c. 结构脚手架施工荷载为 $3kN/m^2$

荷载组合：

恒荷载分项系数取 1.2；活荷载分项系数取 1.4；取 1m 宽的板为计算单元。

则：

$q_1=(a+b+c)\times 1m=16.16kN/m$

$q_2=[1.2\times(a+b)+1.4\times c]\times 1m=19.99kN/mm$

面板按三跨连续梁计算，支撑跨径取 $l=200mm$，见图 5-64。

$$M_{max}=\frac{q_{max}l^2}{10}=\frac{19.99\times 200^2}{10}=79968\text{N}\cdot\text{mm}$$

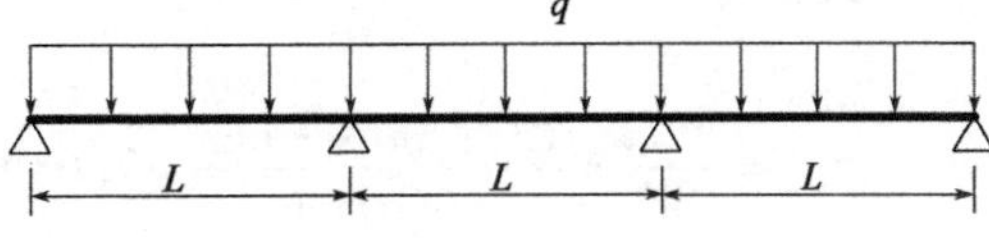

图5-64　受力计算简图

强度验算：

最大弯应力

$$\sigma_{max}=\frac{M_{max}}{W}=\frac{79969\text{N}\cdot\text{mm}}{37500\text{mm}^3}=2.13\text{N/mm}^2\leqslant f_m=13\text{N/mm}^2$$ 故，强度满足要求。

挠度验算：

最大挠度

$$w_{max}=\frac{0.677q_1l^4}{100EI}=\frac{0.677\times 16.16\times 200^4}{100\times 6000\times 281250}=0.1\text{mm}\leqslant[w]=\frac{l}{400}=0.5\text{mm}$$ 故，15mm多层板验算满足要求。

2）断面位置处次龙骨计算

次龙骨选用100mm×100mm木方，顺桥向铺放，腹板处间距100mm，箱室下间距200mm；最大跨度1500mm。

木方特性见表5-5。

相关技术参数　　表5-5

木方	宽度（mm）	高度（mm）	弹性模量（N/mm^2）	抗弯强度（N/mm^2）	截面模量 W（mm^3）	惯性矩 I（mm^4）
	100	100	9000	13	166667	8333333

荷载统计：

（1）取1.6m厚腹板位置处计算

a. 混凝土自重取 $26\text{kN/m}^3\times 1.6\text{m}=41.6\text{kN/m}^2$

b. 模板及龙骨取 1.2kN/m^2

c. 施工荷载为 3kN/m^2

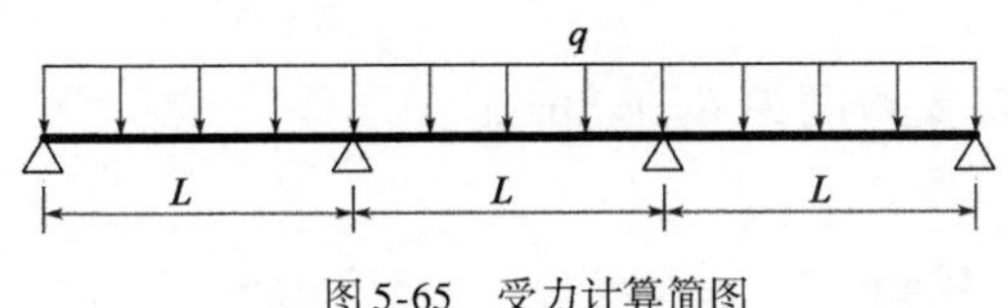

图5-65　受力计算简图

荷载组合：

次龙骨布置间距为100mm，选支撑间距为 $L=1500\text{mm}$（图5-65）；恒荷载分项系数取1.2；活荷载分项系数取1.4。

$$q_1=(a+b+c)\times 0.1\text{m}=4.66\text{kN/m}$$

$$q_2=[1.2\times(a+b)+1.4\times c]\times 0.16\text{m}=5.65\text{kN/m}$$

次龙骨所受弯矩最大值为：

$$M_{max}=\frac{q_{max}l^2}{10}=\frac{5.65\times 1500^2}{10}=1271700\text{kN}\cdot\text{m}$$

最大弯应力：

$$\sigma_{max}=\frac{M_{max}}{W}=\frac{1271700\text{N}\cdot\text{mm}}{166667\text{mm}^3}=7.63\text{N/mm}^2\leqslant f_m=13\text{N/mm}^2$$ 故，强度满足要求。

挠度验算：

次龙骨按三跨连续梁计算，调整系数 ϕ 为 0.677，支撑间距 $L=1500$mm

$$w_{max}=\frac{0.677q_1l^4}{100EI}=\frac{0.677\times4.66\times1500^4}{100\times9000\times8333333}=2.13\text{mm}\leqslant[w]=\frac{l}{400}=3.75\text{mm}$$

故，次龙骨选用 100×100mm 木方@100mm，满足要求。

(2)取空心箱室位置处计算

a. 混凝土自重取 $26\text{kN/m}^3\times(0.251+0.209)\text{m}\times0.2\text{m}=2.39\text{kN/m}$

b. 面板荷载取 $1.2\text{kN/m}^2\times0.2\text{m}=0.24\text{kN/m}$

c. 结构脚手架施工荷载为 $3\text{kN/m}^2\times0.2\text{m}=0.6\text{kN/m}$

荷载组合：

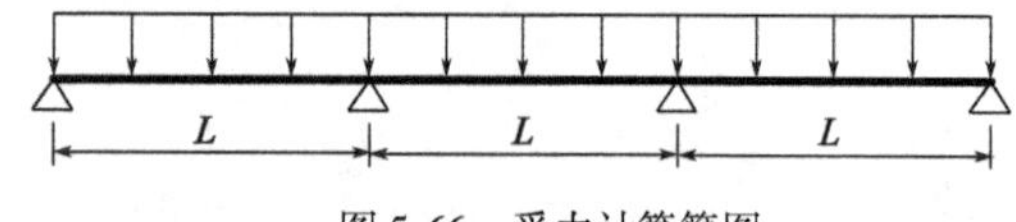

图 5-66 受力计算简图

次龙骨布置间距为 200mm，选支撑间距为 $L=1500$mm(图 5-66)；恒荷载分项系数取 1.2；活荷载分项系数取 1.4。

$$q_1=(a+b+c)=3.23\text{kN/m}$$

$$q_2=[1.2\times(a+b)+1.4\times c]=4.0\text{kN/m}$$

次龙骨所受弯矩最大值为：

$$M_{max}=\frac{q_{max}l^2}{10}=\frac{4.0\times1500^2}{10}=899640\text{N}\cdot\text{mm}$$

最大弯应力：

$$\sigma_{max}=\frac{M_{max}}{W}=\frac{899640\text{N}\cdot\text{mm}}{166667\text{mm}^3}=5.4\text{N/mm}^2\leqslant f_m=13\text{N/mm}^2$$ 故，强度满足要求。

挠度验算：

次龙骨按三跨连续梁计算，调整系数 ϕ 为 0.677，支撑间距 $L=600$mm

$$w_{max}=\frac{0.677q_1l^4}{100EI}=\frac{0.677\times3.23\times1500^4}{100\times9000\times8333333}=1.48\text{mm}\leqslant[w]=\frac{l}{400}=3.75\text{mm}$$

故，次龙骨选用 100×100mm 木方@200mm，满足要求。

3)断面位置处主龙骨计算

主龙骨横桥铺放，间距 1500mm；主龙骨选用双根 10#槽钢，材料特性见表 5-6，受力简图见图 5-67。

10# 槽 钢 特 性 表 5-6

10#槽钢	材　质	弹性模量(N/mm²)	抗弯强度(N/mm²)	截面模量 W(mm³)	惯性矩 I(mm⁴)
	Q235	206000	205	39700	1980000

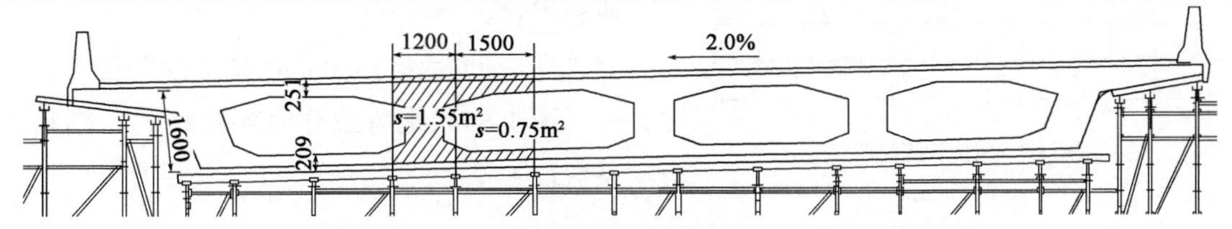

图 5-67　受力简图

(1)腹板下主龙骨计算

取最大计算面积:$s = 1.55\text{m}^2$

荷载:

a. 混凝土自重取 $26.5\text{kN/m}^3 \times 1.5\text{m} \times 1.55\text{m}^2 = 60.45\text{kN/m}$

b. 模板及龙骨取 $1.2\text{kN/m}^2 \times 1.5\text{m} \times 1.2\text{m} = 2.16\text{kN/m}$

c. 施工荷载为 $3\text{kN/m}^2 \times 1.5\text{m} \times 1.2\text{m} = 5.4\text{kN/m}$

荷载组合:

龙骨布置间距为 1500mm,选支撑跨度为 $L = 1200\text{mm}$(图 5-68);恒荷载分项系数取 1.2;活荷载分项系数取 1.4。

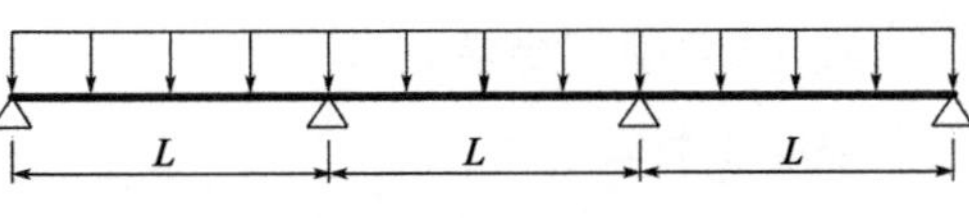

图 5-68　受力计算简图

$q_1 = a + b + c = 56.68\text{kN/m}$

$q_2 = 1.2 \times (a + b) + 1.4 \times c = 76.74\text{kN/m}$

次龙骨所受弯矩最大值为:

$$M_{\max} = \frac{q_{\max} l^2}{10} = \frac{76.74 \times 1200^2}{10} = 11050020\text{N} \cdot \text{mm}$$

最大弯应力:

$$\sigma_{\max} = \frac{M_{\max}}{W} = \frac{11050020\text{N} \cdot \text{mm}}{2 \times 57000\text{mm}^3} = 139.17\text{N/mm}^2 \leqslant f_m = 200\text{N/mm}^2$$

故,强度满足要求。

挠度验算:

主龙骨按三跨连续梁计算,调整系数 ϕ 为 0.677,支撑间距 $L = 1200\text{mm}$

$$w_{\max} = \frac{0.677 q_1 l^4}{100EI} = \frac{0.677 \times 56.68 \times 1500^4}{2 \times 100 \times 50000 \times 3830000} = 0.98\text{mm} \leqslant [w] = \frac{l}{400} = 3\text{mm}$$

故,主龙骨选用双根 10#槽钢,满足要求。

(2)取空心箱室位置处计算

a. 混凝土自重取 $26\text{kN/m}^3 \times 1.5\text{m} \times 0.75\text{m}^2 = 29.25\text{kN/m}$

b. 模板及龙骨取 1.2kN/m^2 ×1.5m ×1.5m =2.7kN/m

c. 施工荷载为 3kN/m^2 ×1.5m ×1.5m =6.75kN/m

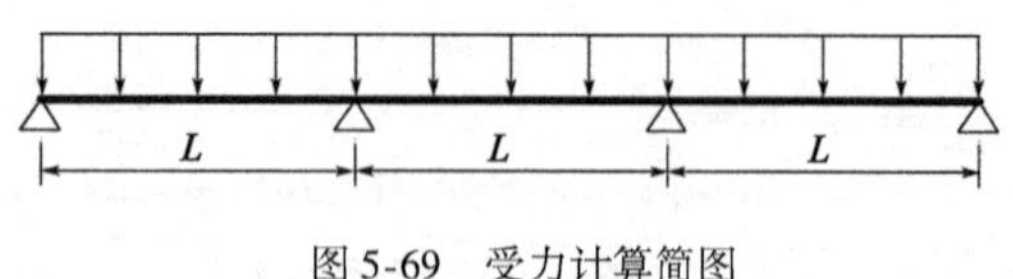

图 5-69 受力计算简图

荷载组合：

龙骨布置间距为 1500mm，选支撑跨度为 L = 1500mm（图 5-69）；恒荷载分项系数取 1.2；活荷载分项系数取 1.4。

$q_1 = a + b + c = 25.8\text{kN/m}$

$q_2 = 1.2 \times (a + b) + 1.4 \times c = 35.06\text{kN/m}$

次龙骨所受弯矩最大值为：

$$M_{\max} = \frac{q_{\max} l^2}{10} = \frac{35.06 \times 1500^2}{10} = 7887375\text{N} \cdot \text{mm}$$

最大弯应力：

$$\sigma_{\max} = \frac{M_{\max}}{W} = \frac{7887375\text{N} \cdot \text{mm}}{2 \times 57000\text{mm}^3} = 99.34\text{N/mm}^2 \leqslant f_m = 205\text{N/mm}^2$$

故，强度满足要求。

挠度验算：

主龙骨按三跨连续梁计算，调整系数 ϕ 为 0.677，支撑间距 L = 1200mm

$$w_{\max} = \frac{0.677 q_1 l^4}{100EI} = \frac{0.677 \times 25.8 \times 1500^4}{2 \times 100 \times 50000 \times 3830000} = 1.08\text{mm} \leqslant [w] = \frac{l}{400} = 3.75\text{mm}$$

故，主龙骨选用双根 10#槽钢，满足要求。

4）断面位置处立杆承载力计算（图 5-70）

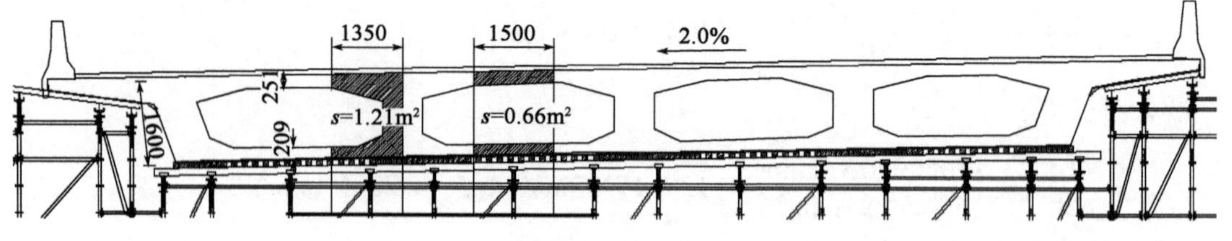

图 5-70 受力简图

（1）腹板荷载

a. 钢筋及混凝土自重取 26kN/m^3 ×1.21m^2 ×1.5m =47.19kN

b. 模板及主次龙骨取 1.2kN/m^2 ×1.35m ×1.5m =2.43kN

c. 支撑架体自重取 3kN

d. 施工人员及设备荷载取 3kN/m^2 ×1.35m ×1.5m =6.08kN

（2）荷载组合

恒荷载分项系数取 1.2，活荷载分项系数取 1.4

$q = 1.2 \times (a + b + c) + 1.4 \times d = 77.86\text{kN/m} \leqslant 90\text{kN}$

(3)空箱室荷载

a. 钢筋及混凝土自重取 $26\text{kN/m}^3 \times 0.66\text{m}^2 \times 1.5\text{m} = 25.74\text{kN}$

b. 模板及主次龙骨取 $1.2\text{kN/m}^2 \times 1.5\text{m} \times 1.5\text{m} = 2.7\text{kN}$

c. 支撑架体自重取 3kN

d. 施工人员及设备荷载取 $3\text{kN/m}^2 \times 1.5\text{m} \times 1.5\text{m} = 6.75\text{kN}$

(4)荷载组合

恒荷载分项系数取 1.2;活荷载分项系数取 1.4。

$q = 1.2 \times (a + b + c) + 1.4 \times d = 53.48\text{kN/m} \leqslant 90\text{kN}$

取受力最大的立杆进行验算:$q = 77.86\text{kN}$。

5)风荷载计算

参考现行国家标准《建筑施工扣件式钢管脚手架安全技术规范》(JTG 166—2016),作用于脚手架上的水平风荷载标准值应按下式计算:

$$\omega_k = \mu_z \cdot \mu_s \cdot \omega_o$$

式中:ω_k——风荷载标准值 (kN/m^2);

μ_z——风压高度变化系数,按 C 类 20m 查现行国家标准《建筑结构荷载规范》表 7-2-1 得 $\mu_z = 0.84$;

μ_s——风荷载体型系数:$\mu_s = 1.3 \times \dfrac{1.2A_n}{A_w} = 0.312$;

ω_o——基本风压(kN/m^2),按现行国家标准《建筑结构荷载规范》附表 D.4 的规定取$n = 10$ 得 $\omega_o = 0.35\ \text{kN/m}^2$。

计算:$\omega_k = \mu_z \cdot \mu_s \cdot \omega_o = 0.84 \times 0.312 \times 0.3 = 0.078\text{kN/m}^2$

由风荷载设计值产生的立杆段弯矩可按下式计算:

$$M_w = 0.85 \times 1.4 \times W_k/10 = 0.119 \times \omega_k \cdot l_a \times h$$

式中:l_a——立杆纵向间距,取 1.5m;

h——立杆步距,取 1.5m。

代入计算:$M_w = 0.119 \times \omega_k \cdot l_a \cdot h = 0.119 \times 0.078\text{kN/m} \times 1.5\text{m} \times 1.5\text{m} = 0.021\text{kN} \cdot \text{m}$

6)架体整体稳定性计算

根据《建筑施工承插型盘扣式钢管支架安全技术规程》(JGJ 231—2010),组合风荷载时,立杆的稳定性计算公式为:

$$\frac{N}{\phi A} + \frac{W}{M} < [\sigma]$$

立杆的轴向压力设计值：$N = 77.86\text{kN}$；

立杆截面特性：$A = 571\text{mm}^2$；$i = 15.00\text{mm}$；$[f] = 300\text{N/mm}^2$。

计算长度，根据《建筑施工承插型盘扣式钢管支架安全技术规程》（JGJ 231—2010）中，5.3.2-1公式计算：$l_o = \eta h = 1.2 \times 1500 = 1800\text{mm}$

由公式5.3.2-2计算：$l_o = h' + 2ka = 1000 + 2 \times 0.7 \times 500 = 1700\text{mm}$

其中：η 为支架立杆计算长度修正系数，水平杆步距为1.5m时，取1.2；

h 为支架立杆中间层最大竖向步距，$h = 1500\text{mm}$；

h' 为支架立杆顶层水平杆步距，宜比最大步距减少一个盘扣，$h' = 1000\text{mm}$；

a 为可调托座支撑点至顶层水平杆中心线的距离，$a = 500\text{mm}$；

k 为悬臂端计算长度折减系数，取0.7；

取较大值 $l_o = 1800\text{mm}$；

长细比 $l_o/i = 120$；

轴心受压立杆的稳定系数 ϕ，由长细比 l_o/i 的计算结果根据《建筑施工承插型盘扣式钢管支架安全技术规程》（JGJ 231—2010）中，附录D查表得到：$\phi = 0.512$；

立杆净截面面积：$A = 5.71\text{cm}^2$；

$$\sigma = \frac{N}{\phi A} + \frac{W}{M} = \frac{77.86\text{kN}}{0.512 \times 571\text{mm}^2} + \frac{0.021\text{kN} \cdot \text{m}}{7.70\text{cm}^3} = 269.05\text{MPa} < [\sigma] = 300\text{MPa}$$

故立杆整体稳定性满足要求。

7）地基基础验算

$$P = \frac{N}{A}$$

式中：P——立杆基础底面处的平均压力设计值；

A——基础底面计算面积；

N——立杆传至基础顶面的轴心力设计值。

地基处理为15cm厚度素混凝土，底座下垫5cm×20cm木垫板，扩散角 $\theta = 45°$。

$$f_1 = \frac{N}{A} = \frac{77.86}{(0.2 + 2 \times 0.15\tan45°) \times (0.15 + 2 \times 0.05\tan45° + 2 \times 0.15\tan45°)}$$

$$= 283\text{kPa}$$

经计算地基处理后的承载力应大于 283kN/m^2，方可满足要求。

5.3.3 墩门洞支架设计计算

5.3.3.1 总体概况

XX匝道3#～5#墩现浇梁横跨跨南二环路，上部结构为预应力钢筋混凝土箱梁，匝道宽9.5m，梁高1.6m，施工3#～5#跨现浇梁时计划采用门洞支架施工。门洞支架净空5m，宽

2@3.75m+1@2m,2个机动车道+1个非机动车道,采用钢管柱形式搭设而成,钢管柱基础为C30混凝土,截面尺寸为宽80cm,高120cm,钢管柱规格外径为ϕ529mm,壁厚8mm,钢管间距为3.6m,每侧门洞设置,4排钢管柱(分三个车道),为方便支撑体系拆除,在钢管柱上安装砂筒,并于钢管柱顶部固定。然后在砂筒上方横桥向铺设双拼I45a型钢作为分配梁,纵梁采用单排I32a,长度为12m,间距60cm,为保证工字钢的稳定性,工字钢两两之间采用Φ16钢筋连接,间距3m一道。I32a纵梁上横向铺设15cm×10cm的方木。

门洞顶支架纵桥向支架间距为60cm,横向间距按照腹板及翼缘板处为60cm,箱室处为90cm,支架上部主梁采用10cm×15cm的方木,间距与支架一致,底模背肋采用10cm×10cm方木间距20cm,箱梁底模板采用15mm的竹胶板,门洞支架具体布置形式如图5-71、图5-72所示。

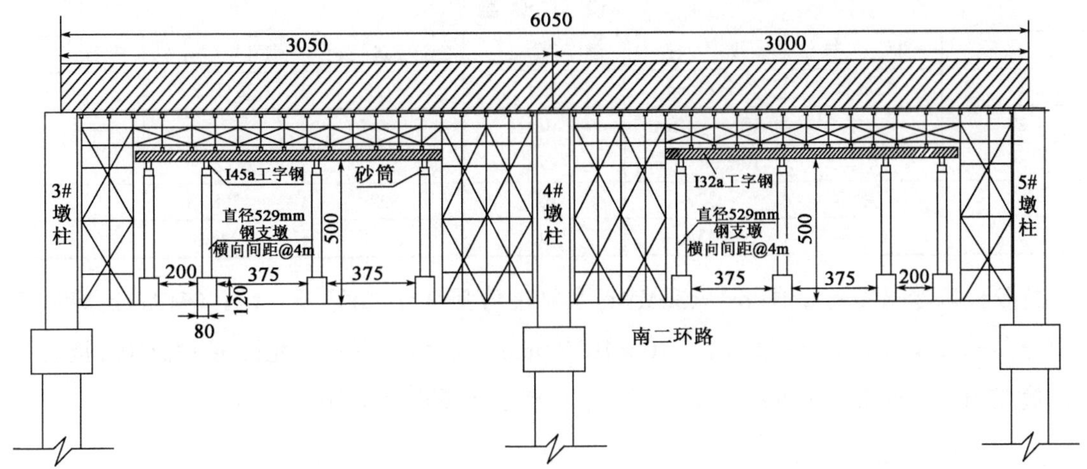

图5-71　门洞支架正面图

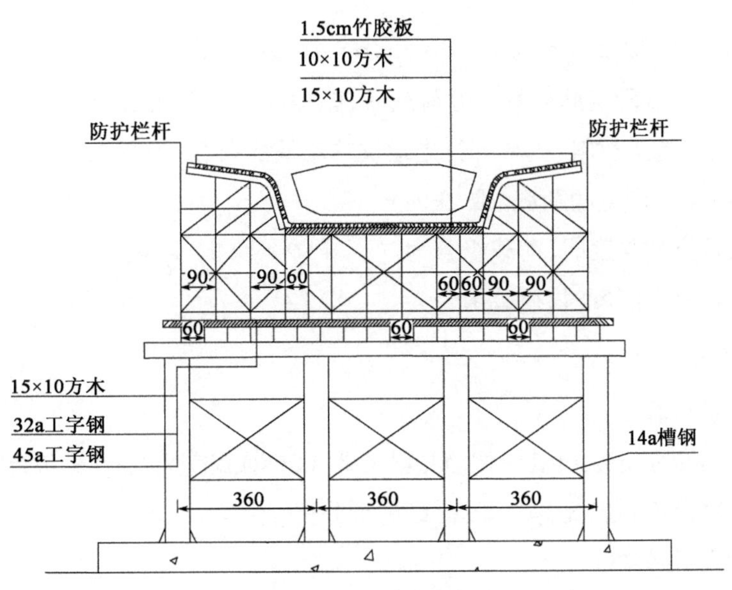

图5-72　门洞支架断面图

5.3.3.2　设计依据

(1)《建筑施工碗扣式钢管脚手架安全技术规范》(JGJ 166—2016);

(2)《公路桥涵施工技术规范》(JTG/T F50—2011);

(3)《建筑施工模板安全技术规范》(JGJ 162—2008);

(4)《公路桥涵钢结构及木结构设计规范》(JTJ 025—86)。

本计算书采用设计理论为容许应力法。

5.3.3.3　设计参数

设计参数见表5-7。

设计参数　表5-7

序号	材料	规格	截面积(cm^2)	截面模量(cm^3)	惯性矩(cm^4)	备注
1	竹胶板	厚15mm	150	37.5	28.125	1m宽
2	方木	10cm×10cm	100	166.7	833.3	
3	方木	10cm×15cm	150	375	2812.5	
4	工字钢	I32a	67	692	11080	
5	工字钢	I45a	102	1430	32240	

竹胶板抗弯强度允许值$[\sigma]=30$MPa,木材抗弯强度允许值$[\sigma]=11.0$MPa,抗剪强度允许值$[\tau]=1.3\text{N/mm}^2$,弹性模量$E=10\times10^3\text{N/mm}^2$。型钢抗弯强度允许值145MPa,抗剪强度允许值85MPa。混凝土重度取26kN/m^3。支架钢管计算壁厚采用3.0mm。

5.3.3.4　荷载取值及组合

(1)模板、支架自重(取2kN/m^2);

(2)实心段钢筋混凝土的荷载$q_1=26\times1.6=41.6\text{kN/m}^2$;

空心段与空心过渡段钢筋混凝土的荷载q_2有12kN/m^2和22.6kN/m^2;

(3)施工人员和施工材料、机具等行走运输或堆放的荷载(取2.5kPa);

(4)振捣混凝土时产生的荷载(取2kPa)。

计算底模板及支架强度时,荷载组合为:(1)+(2)+(3)+(4)。

验算底模板及支架刚度时,荷载组合为:(1)+(2)。

5.3.3.5　计算分析

1)底模板分析计算

底模采用15mm竹胶板,计算时按简支梁考虑,取计算宽度为1m。模板背肋间距为20cm。计算模拟按照最不利工况,实心段荷载进行分析。

(1)计算模型(图5-73)

实心段荷载组合:$q_1=(41.6+2.5+2.0+2.0)\times1=48.1\text{kN/m}$

(2)计算结果

①强度计算:

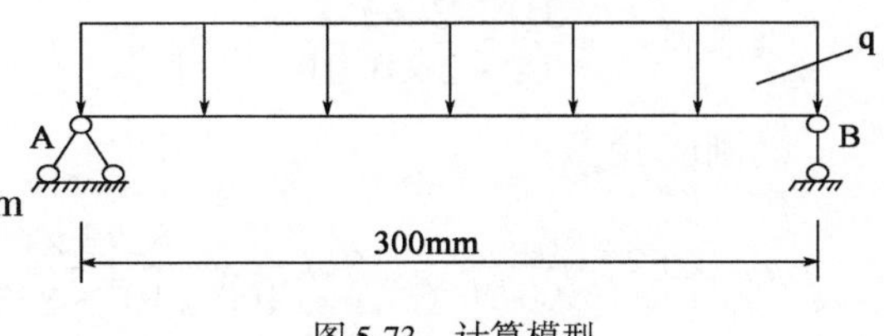

图5-73　计算模型

$$M = \frac{1}{8}q_1l^2 = \frac{1}{8} \times 41.8 \times 0.2^2 = 0.21\text{kN} \cdot \text{m}$$

$$Q = \frac{1}{2}q_1l = \frac{1}{2} \times 41.8 \times 0.2 = 4.18\text{kN}$$

弯曲应力:

$$\sigma = \frac{M}{W} = \frac{0.21}{1.0 \times 0.015^2/6} = 5.6\text{MPa} < [\sigma] = 30\text{MPa}$$,可满足要求。

剪应力:

$$\tau = \frac{3Q}{2A} = \frac{4.18}{0.001} = 0.418\text{MPa} < [\tau] = 1.3\text{MPa}$$,可满足要求。

②刚度计算:

$q_1' = (41.6 + 2) \times 1 = 43.6\text{kN/m}$

跨中挠度:

$$w = \frac{5q'_1l^4}{384EI} = \frac{5 \times 43.6 \times 200^4}{384 \times 10^4 \times 28.125 \times 10^4} = 0.32\text{mm} < [f] = 1.5\text{mm}$$,可满足要求。

结论:底模板背肋间距均为20cm。

2)模板背肋10cm×10cm方木分析计算

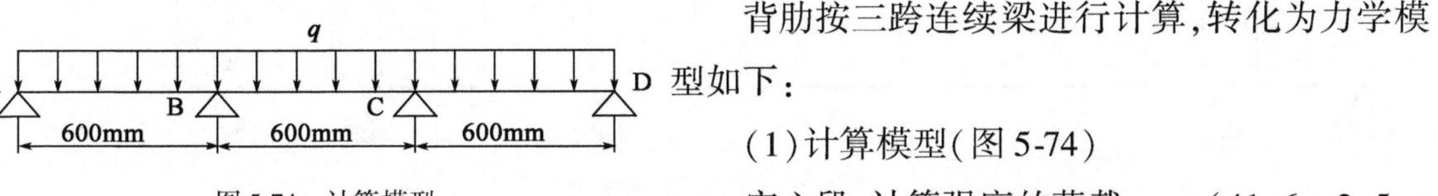

图5-74　计算模型

背肋按三跨连续梁进行计算,转化为力学模型如下:

(1)计算模型(图5-74)

实心段:计算强度的荷载 $q_1 = (41.6 + 2.5 + 2.0 + 2.0) \times 0.2 = 9.62\text{kN/m}$

计算刚度的荷载 $q'_1 = (41.6 + 2) \times 0.2 = 8.72\text{kN/m}$

(2)计算结果

①强度验算:

$$M = \frac{q_1l^2}{10} = \frac{9.62 \times 0.6^2}{10} = 0.35\text{kN} \cdot \text{m}$$

$$Q = 0.6q_1l = 0.6 \times 9.62 \times 0.6 = 3.5\text{kN}$$

$$R = 1.1q_1l = 1.1 \times 9.62 \times 0.6 = 6.34\text{kN}$$

弯曲应力:

$$\sigma = \frac{M}{W} = \frac{0.35 \times 10^6}{166.7 \times 10^3} = 2.1\text{N/mm}^2 \leqslant [\sigma] = 11\text{N/mm}^2$$,可满足要求。

剪应力：$\tau = \dfrac{3Q}{2A} = \dfrac{3 \times 3.5}{2 \times 0.01} = 0.53\text{MPa} < [\tau] = 1.3\text{MPa}$，可满足要求。

②刚度验算：

$\omega = 0.677\dfrac{q'_1 l^4}{100EI} = 0.677\dfrac{8.72 \times 600^4}{100 \times 10^4 \times 833.3 \times 10^4} = 0.1\text{mm} < [f] = \dfrac{600}{400} = 1.5\text{mm}$，可满足要求。

3)支架顶横梁 10cm×15cm 方木分析计算

支架顶横梁 10×15cm 受来自上部方木 10×10cm 的集中力，大小等于上述计算腹板下支座反力 $F = R = 6.34\text{kN}$，间距 20cm，同理可得箱室下支座反力 $F = R = 3.84\text{kN}$，根据桥梁横断面支架形式，腹板下横梁 10×10cm 方木跨度为 0.6m，箱室下跨度为 0.9m。

(1)中横隔梁处

根据匝道桥跨中横隔梁处，集中力 $F = 6.34\text{kN}$，计算模型如下(图 5-75)。

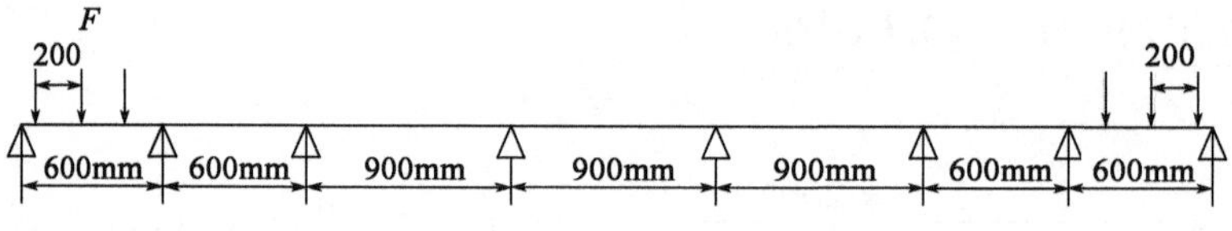

图 5-75　计算模型

①工况一：集中力跨中均匀分布，见图 5-76～图 5-81。

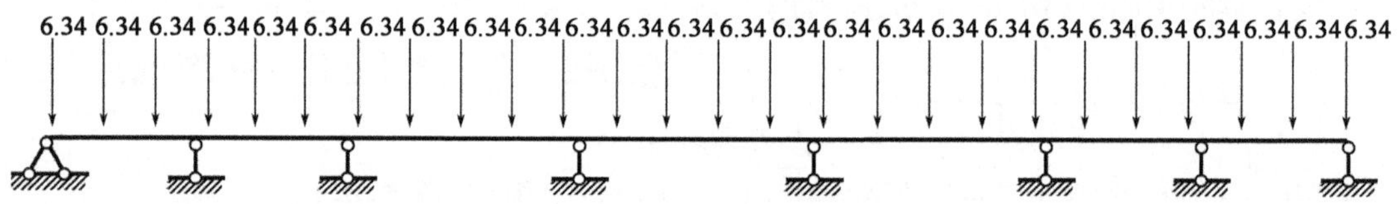

图 5-76　工况一计算模型

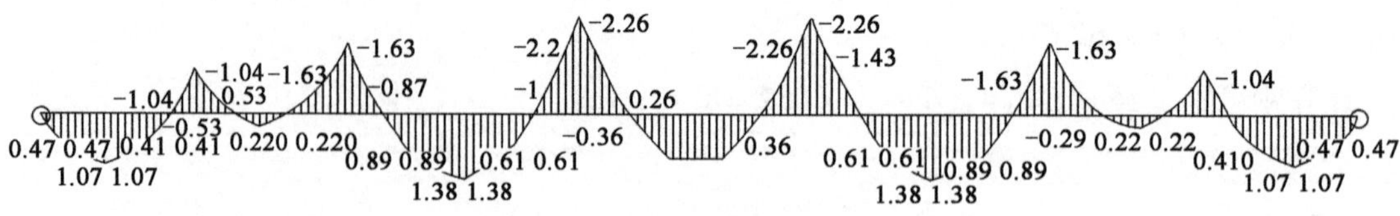

图 5-77　工况一弯矩

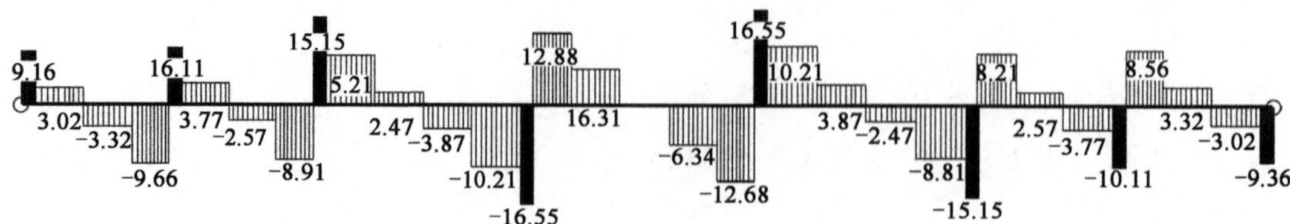

图 5-78　工况一剪力

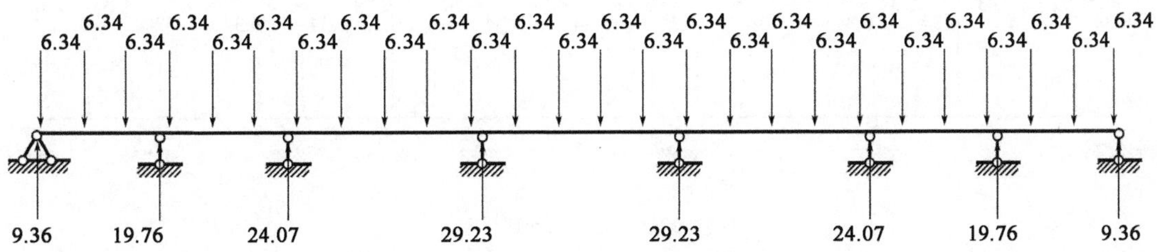

图 5-79　工况一支座反力

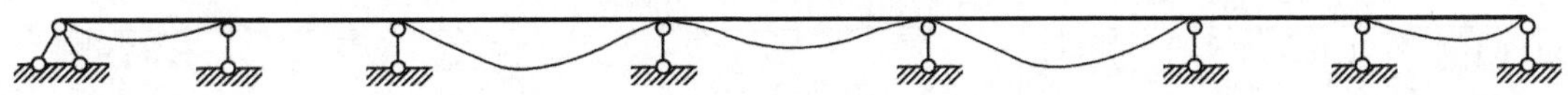

图 5-80　工况一变形

单元码	杆端1			杆端2		
	u-水平位移	v-竖直位移	θ-转角	u-水平位移	v-竖直位移	θ-转角
1	0.00000000	0.00000000	-0.00224883	0.00000000	-0.00011010	-0.00210836
2	0.00000000	-0.00011010	-0.00210836	0.00000000	-0.00037101	-0.00025878
3	0.00000000	-0.00037101	-0.00025878	0.00000000	-0.00021828	0.00152081
4	0.00000000	-0.00021828	0.00152081	0.00000000	0.00000000	0.00095505
5	0.00000000	0.00000000	0.00095505	0.00000000	0.00003470	0.00048354
6	0.00000000	0.00003470	0.00048354	0.00000000	0.00006372	0.00010807
7	0.00000000	0.00006372	0.00010807	0.00000000	0.00009703	0.00001915
8	0.00000000	0.00009703	0.00001915	0.00000000	0.00000000	-0.00171401
9	0.00000000	0.00000000	-0.00171401	0.00000000	-0.00010638	-0.00246550
10	0.00000000	-0.00010638	-0.00246550	0.00000000	-0.00066811	-0.00244662
11	0.00000000	-0.00066811	-0.00244662	0.00000000	-0.00090440	0.00028170
12	0.00000000	-0.00090440	0.00028170	0.00000000	-0.00057769	0.00267616
13	0.00000000	-0.00057769	0.00267616	0.00000000	-0.00005908	0.00169342
14	0.00000000	-0.00005908	0.00169342	0.00000000	0.00000000	0.00058719
15	0.00000000	0.00000000	0.00058719	0.00000000	-0.00013107	-0.00176423
16	0.00000000	-0.00013107	-0.00176423	0.00000000	-0.00046775	-0.00109530
17	0.00000000	-0.00046775	-0.00109530	0.00000000	-0.00046775	0.00109530

图 5-81　工况一变形

②工况二:集中力临近支点,见图 5-82 ~ 图 5-86。

根据上述分析图得:

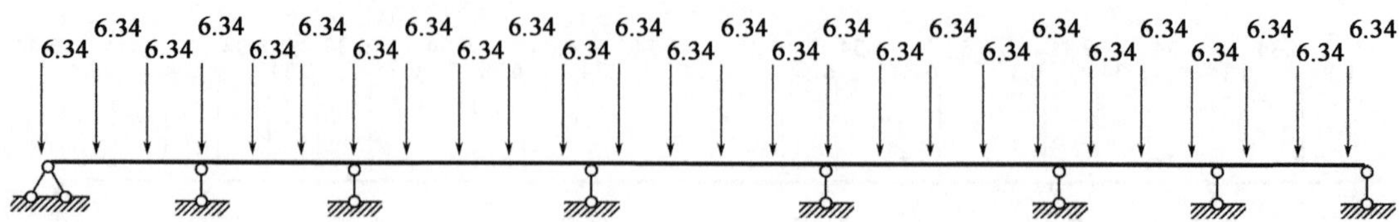

图 5-82　工况二计算模型

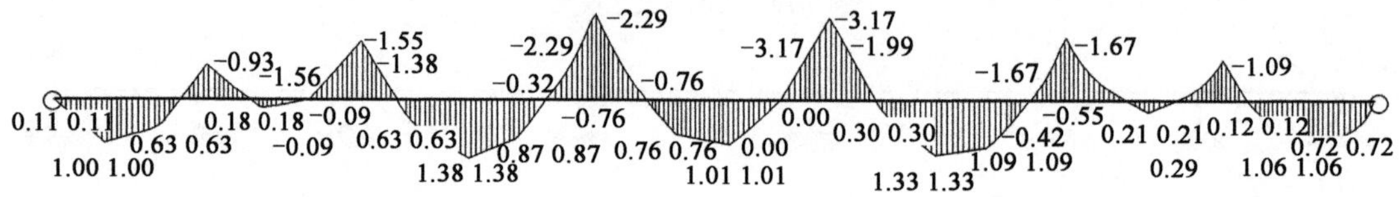

图 5-83　工况二弯矩

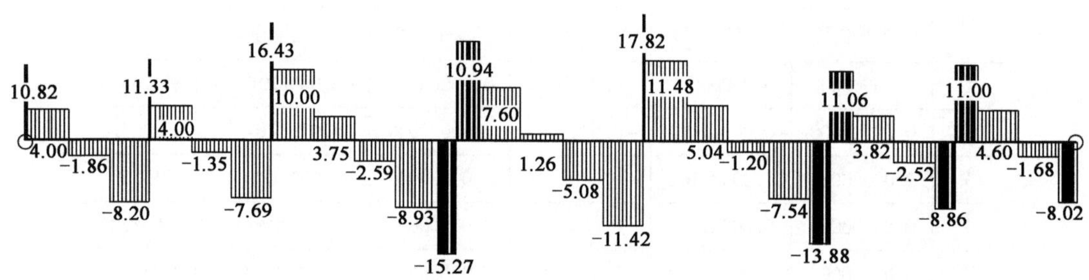

图 5-84　工况二剪力

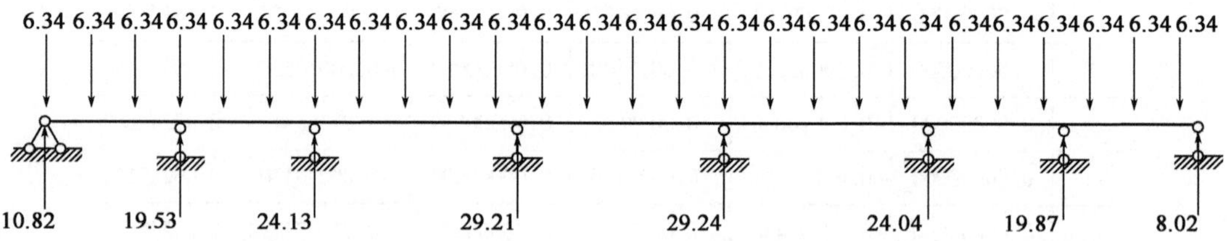

图 5-85　工况二支座反力

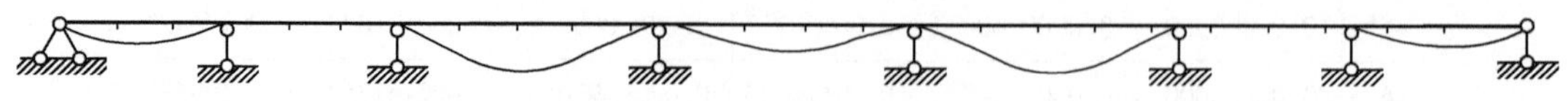

图 5-86　工况二变形图

最大弯曲应力：

$$\sigma_{max} = \frac{M_{max}}{W} = \frac{2.29 \times 10^6}{375 \times 10^3} = 6.1\text{N/mm}^2 \leqslant [\sigma] = 11\text{N/mm}^2$$

最大支座反力：

$R = 29.2\text{kN}$

横纹局部承压验算：

$$\sigma = \frac{R}{bl} = \frac{29.2}{0.1 \times 0.15} = 1.95\text{MPa} < [f_c] = 2.9\text{MPa}$$

最大挠度：

$$\omega_{max} = 0.9\text{mm} < [f] = \frac{600}{400} = 1.5\text{mm}$$

(2)箱室段处

根据匝道桥箱室段处受力，计算出箱室下集中力 $F = 3.84\text{kN}$，计算模型如下：

①工况一：集中力跨中均匀分布，见图5-87～图5-91。

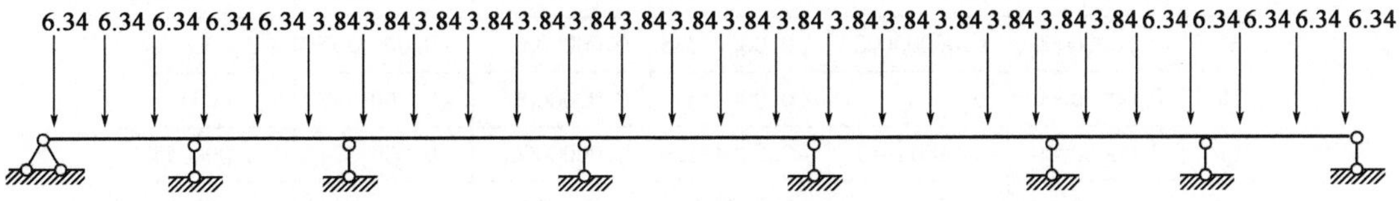

图5-87　工况一计算模型

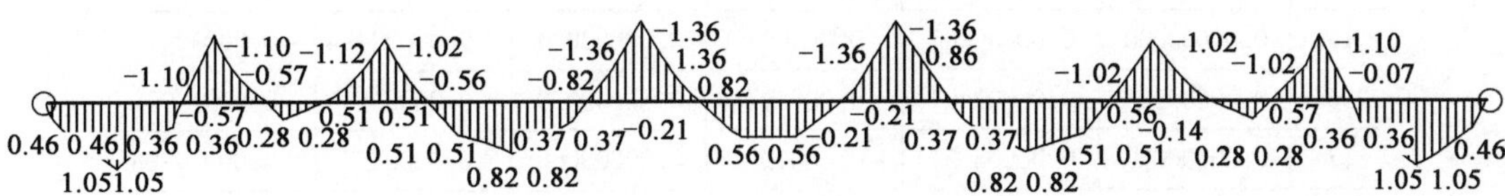

图5-88　工况一弯矩

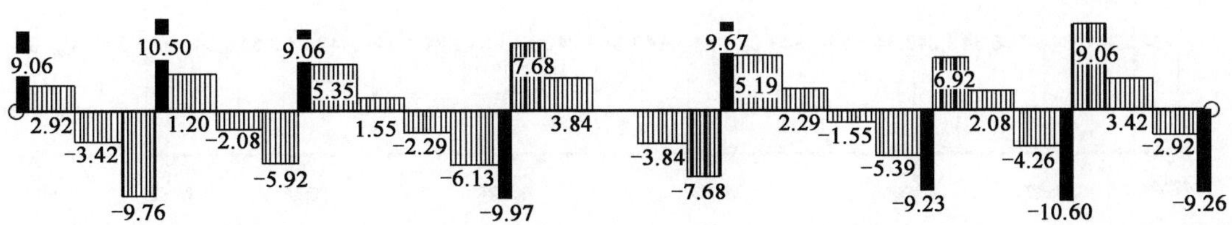

图5-89　工况一剪力

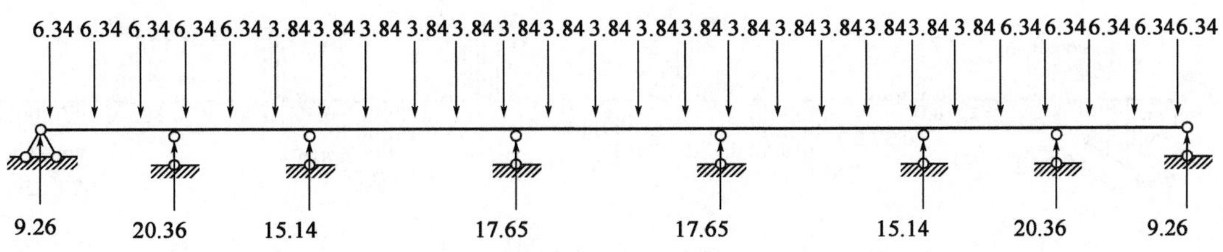

图5-90　工况一反力

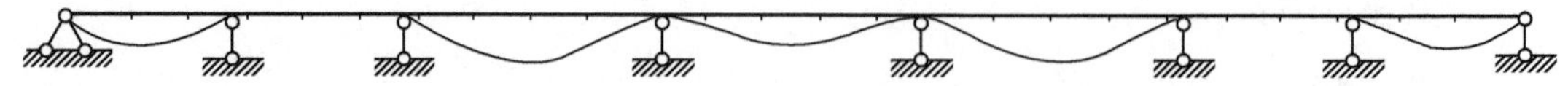

单元码	杆端1			杆端2		
	u-水平位移	v-竖直位移	θ-转角	u-水平位移	v-竖直位移	θ-转角
1	0.00000000	0.00000000	-0.00064353	0.00000000	-0.00003149	-0.00060238
2	0.00000000	-0.00003149	-0.00060238	0.00000000	-0.00010522	-0.00006576
3	0.00000000	-0.00010522	-0.00006576	0.00000000	-0.00006019	0.00043494
4	0.00000000	-0.00006019	0.00043494	0.00000000	0.00000000	0.00023743
5	0.00000000	0.00000000	0.00023743	0.00000000	0.00000776	0.00008854
6	0.00000000	0.00000776	0.00008854	0.00000000	0.00000496	-0.00001549
7	0.00000000	0.00000496	-0.00001549	0.00000000	0.00001191	0.00003573
8	0.00000000	0.00001191	0.00003573	0.00000000	0.00000000	-0.00027345
9	0.00000000	0.00000000	0.00027345	0.00000000	-0.00001754	-0.00041442
10	0.00000000	-0.00001754	-0.00041442	0.00000000	-0.00011487	-0.00043126
11	0.00000000	-0.00011487	-0.00043126	0.00000000	-0.00015718	0.00004486
12	0.00000000	-0.00015718	0.00004486	0.00000000	-0.00010047	0.00046782
13	0.00000000	-0.00010047	0.00046782	0.00000000	-0.00001001	0.00029146
14	0.00000000	-0.00001001	0.00029146	0.00000000	0.00000000	0.00009400
15	0.00000000	0.00000000	0.00009400	0.00000000	-0.00002494	-0.00032418
16	0.00000000	-0.00002494	-0.00032418	0.00000000	-0.00008637	-0.00019908
17	0.00000000	-0.00008637	-0.00019908	0.00000000	-0.00008637	0.00019908

图5-91　工况一变形图

②工况二:集中力临近支点,见图5-92~图5-96。

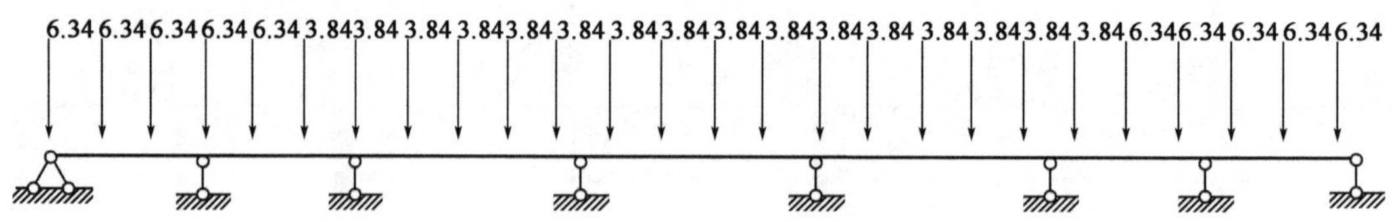

图5-92　工况二计算模型

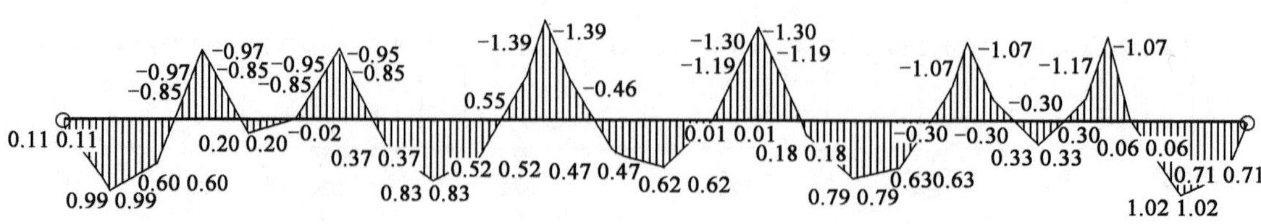

图5-93　工况二弯矩

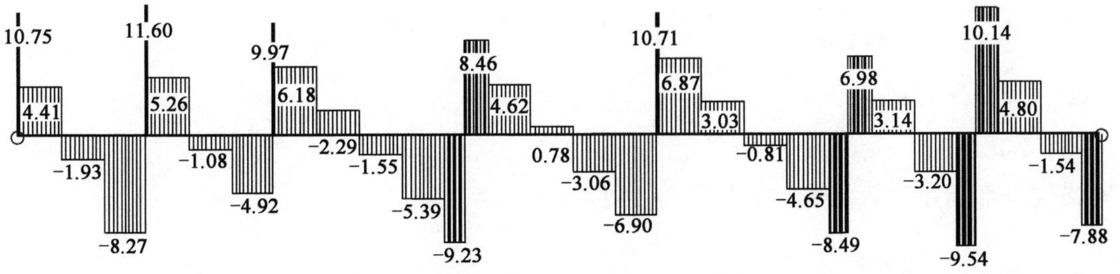

图 5-94　工况二剪力

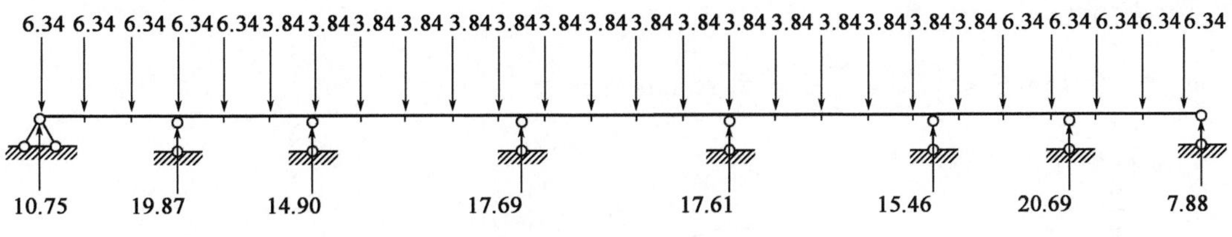

图 5-95　工况二支座反力

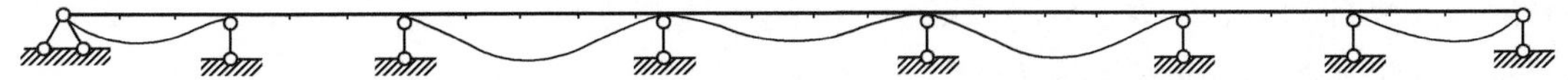

单元码	杆端 1			杆端 2		
	u-水平位移	v-竖直位移	θ-转角	u-水平位移	v-竖直位移	θ-转角
1	0.00000000	0.00000000	-0.00059287	0.00000000	-0.00000592	-0.00059096
2	0.00000000	-0.00000592	-0.00059096	0.00000000	-0.00009556	-0.00020093
3	0.00000000	-0.00009556	-0.00020093	0.00000000	-0.00007454	0.00036542
4	0.00000000	-0.00007454	0.00036542	0.00000000	0.00000000	0.00024229
5	0.00000000	0.00000000	0.00024229	0.00000000	0.00000226	0.00020994
6	0.00000000	0.00000226	0.00020994	0.00000000	0.00000857	-0.00002221
7	0.00000000	0.00000857	-0.00002221	0.00000000	0.00001315	0.00004221
8	0.00000000	0.00001315	0.00004221	0.00000000	0.00000000	-0.00028594
9	0.00000000	0.00000000	-0.00028594	0.00000000	-0.00000302	-0.00031807
10	0.00000000	-0.00000302	-0.00031807	0.00000000	-0.00009830	-0.00048936
11	0.00000000	-0.00009830	-0.00048936	0.00000000	-0.00015885	-0.00006186
12	0.00000000	-0.00015885	-0.00006186	0.00000000	-0.00011953	0.00041829
13	0.00000000	-0.00011953	0.00041829	0.00000000	-0.00002443	0.00040497
14	0.00000000	-0.00002443	0.00040497	0.00000000	0.00000000	0.00009360
15	0.00000000	0.00000000	0.00009360	0.00000000	-0.00001290	-0.00026742
16	0.00000000	-0.00001290	-0.00026742	0.00000000	-0.00007703	-0.00026436
17	0.00000000	-0.00007703	-0.00026436	0.00000000	-0.00009303	0.00012277

图 5-96　工况二变形图

根据上述分析图得：

最大弯曲应力：

$$\sigma_{max} = \frac{M_{max}}{W} = \frac{1.39 \times 10^6}{375 \times 10^3} = 3.71\text{N/mm}^2 \leqslant [\sigma] = 11\text{N/mm}^2$$

最大支座反力：

$R = 20.7\text{kN}$

横纹局部承压验算：

$$\sigma = \frac{R}{bl} = \frac{20.7}{0.1 \times 0.15} = 1.38\text{MPa} < [f_c] = 2.9\text{MPa}$$

最大挠度：

$$\omega_{max} = 0.15\text{mm} < [f] = \frac{900}{400} = 2.25\text{mm}$$

4）立杆稳定性计算

$$\sigma = \frac{N}{\phi A} \leqslant f$$

式中：N——立杆轴力，$N = R_{max} = 29.2\text{kN}$；

ϕ——轴心受压构件稳定系数；

A——立杆截面面积（mm^2）；

f——立杆强度设计值（N/mm^2）。

立杆长细比：$\lambda = \frac{l_0}{i}$，立杆计算长度 $l_0 = h + 2a = 1.2 + 0.6 = 1.8\text{m}$，则：$\lambda = \frac{l_0}{i} = \frac{1.8}{0.0159} = 113$

查《路桥施工计算手册》附表 3-26 得轴心受压稳定系数 $\varphi = 0.496$

$Q235A$ 钢材抗拉、抗压和抗弯拉设计值为 200MPa

$$\sigma = \frac{N}{\varphi \times A} = \frac{29.2 \times 10^3}{0.496 \times 424} = 138.8\text{MPa} \leqslant 200\text{MPa}$$，满足稳定性要求。

5）支架底部 10×15cm 方木分析计算

底部方木受来自支架传递的集中力，跨中横隔板下对应方木受力为最不利情况，受力模型如下：

①工况一：集中力位于跨中位置，见图 5-97～图 5-101。

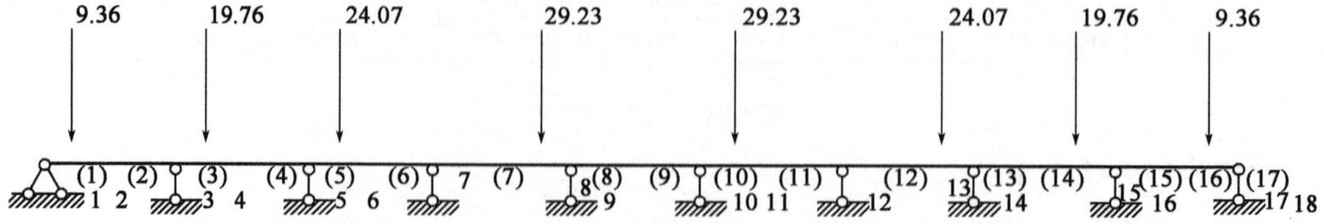

图 5-97　工况一模型

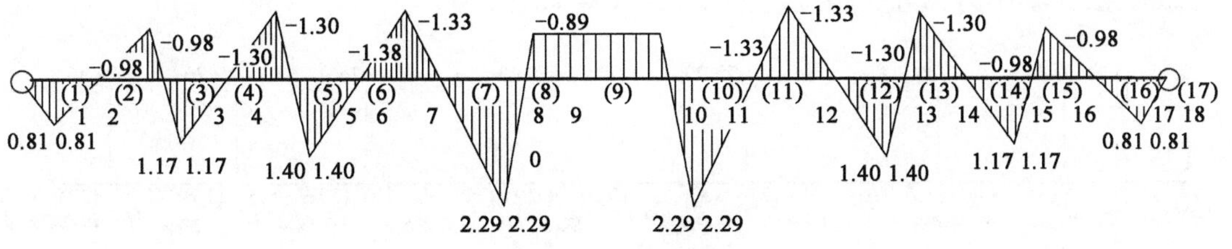

图 5-98　工况一弯矩

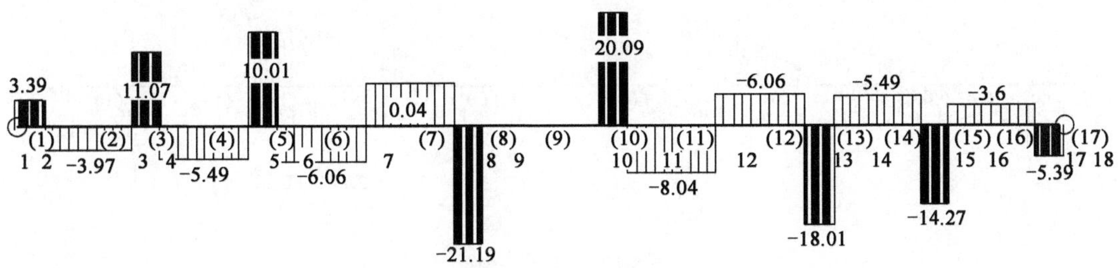

图 5-99　工况一剪力

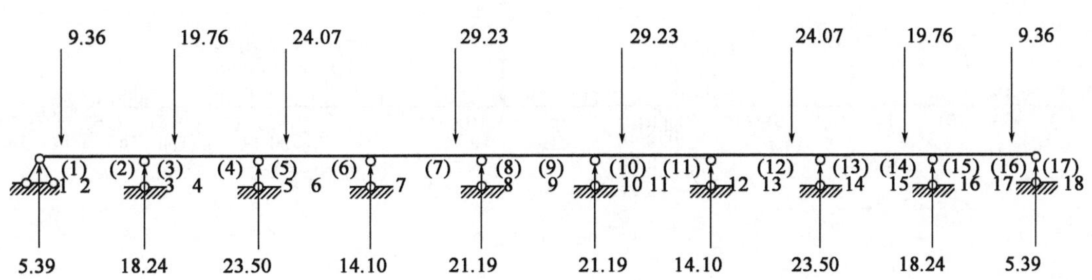

图 5-100　工况一支座反力图

单元码	杆端 1			杆端 2		
	u-水平位移	v-竖直位移	θ-转角	u-水平位移	v-竖直位移	θ-转角
1	0.00000000	0.00000000	-0.00104092	0.00000000	-0.00011971	-0.00031245
2	0.00000000	-0.00011971	-0.00031245	0.00000000	0.00000000	-0.00076239
3	0.00000000	0.00000000	-0.00076239	0.00000000	-0.00014974	-0.00059166
4	0.00000000	-0.00014974	-0.00059166	0.00000000	0.00000000	-0.00096593
5	0.00000000	0.00000000	-0.00096593	0.00000000	-0.00019933	-0.00088083
6	0.00000000	-0.00019933	-0.00088083	0.00000000	0.00000000	-0.00068658
7	0.00000000	0.00000000	-0.00068658	0.00000000	-0.00045497	0.00192287
8	0.00000000	-0.00045497	0.00192287	0.00000000	0.00000000	0.00318958
9	0.00000000	0.00000000	0.00318958	0.00000000	0.00000000	-0.00318958
10	0.00000000	0.00000000	-0.00318958	0.00000000	-0.00045497	-0.00192287

图 5-101　工况一变形

②工况二：集中力临近支座位置，见图 5-102～图 5-106。

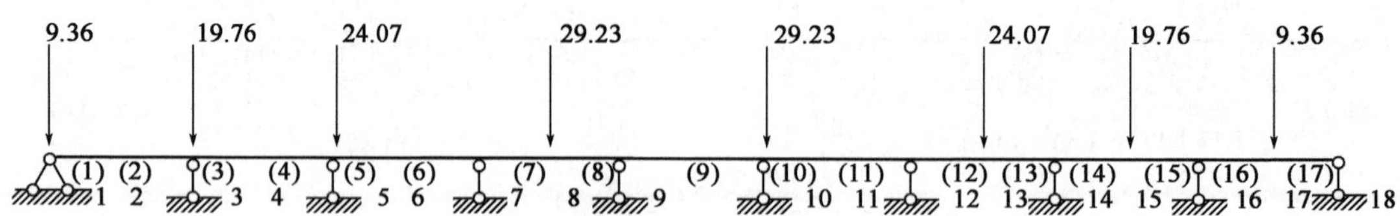

图 5-102　工况二模型

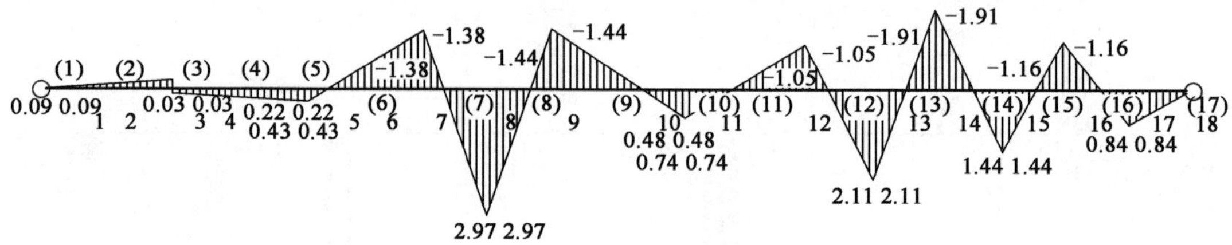

图 5-103　工况二弯矩

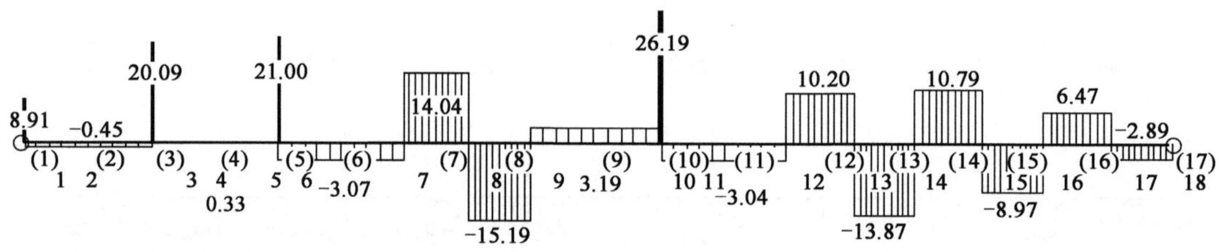

图 5-104　工况二剪力

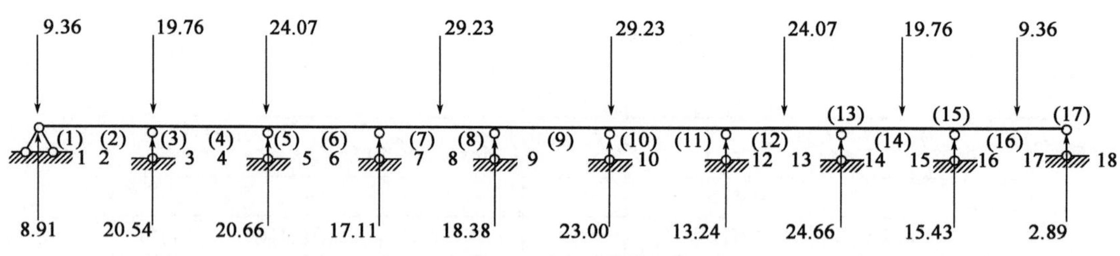

图 5-105　工况二支座反力

根据上述分析图得：

最大弯曲应力：

$$\sigma_{max} = \frac{M_{max}}{W} = \frac{2.97 \times 10^6}{375 \times 10^3} = 7.92\text{N/mm}^2 \leqslant [\sigma] = 11\text{N/mm}^2$$

最大支座反力：

$R = 24.66\text{kN}$

横纹局部承压验算：

$$\sigma = \frac{R}{bl} = \frac{24.66}{0.1 \times 0.136} = 1.8\text{MPa} < [f_c] = 2.9\text{MPa}$$

最大挠度：

$$\omega_{max} = 0.17\text{mm} < [f] = \frac{600}{400} = 1.5\text{mm}$$

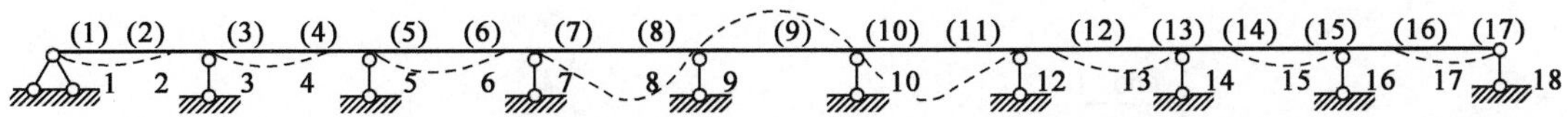

单元码	杆端1			杆端2		
	u-水平位移	v-竖直位移	θ-转角	u-水平位移	v-竖直位移	θ-转角
1	0.00000000	0.00000000	-0.00000867	0.00000000	-0.00000007	-0.00000332
2	0.00000000	-0.00000007	-0.00000332	0.00000000	0.00000000	-0.00030861
3	0.00000000	0.00000000	-0.00030861	0.00000000	-0.00000315	-0.00031760
4	0.00000000	-0.00000315	-0.00031760	0.00000000	0.00000000	0.00056053
5	0.00000000	0.00000000	0.00056053	0.00000000	0.00000578	0.00059983
6	0.00000000	0.00000578	0.00059983	0.00000000	0.00000000	-0.00276006
7	0.00000000	0.00000000	-0.00276006	0.00000000	-0.00081553	0.00019766
8	0.00000000	-0.00081553	0.00019766	0.00000000	0.00000000	0.00287032
9	0.00000000	0.00000000	0.00287032	0.00000000	0.00000000	-0.00057185
10	0.00000000	0.00000000	-0.00057185	0.00000000	-0.00000538	-0.00049858
11	0.00000000	-0.00000538	-0.00049858	0.00000000	0.00000000	-0.00160082
12	0.00000000	0.00000000	-0.00160082	0.00000000	-0.00049524	0.00036753
13	0.00000000	-0.00049524	0.00036753	0.00000000	0.00000000	0.00071457
14	0.00000000	0.00000000	0.00071457	0.00000000	-0.00023742	-0.00017085
15	0.00000000	-0.00023742	-0.00017085	0.00000000	0.00000000	-0.00029958
16	0.00000000	0.00000000	0.00029958	0.00000000	-0.00019371	-0.00030613
17	0.00000000	-0.00019371	-0.00030613	0.00000000	0.00000000	0.00115500

图5-106　工况二变形

箱室处对应支架底方木支座反力如下(图5-107和图5-108)：

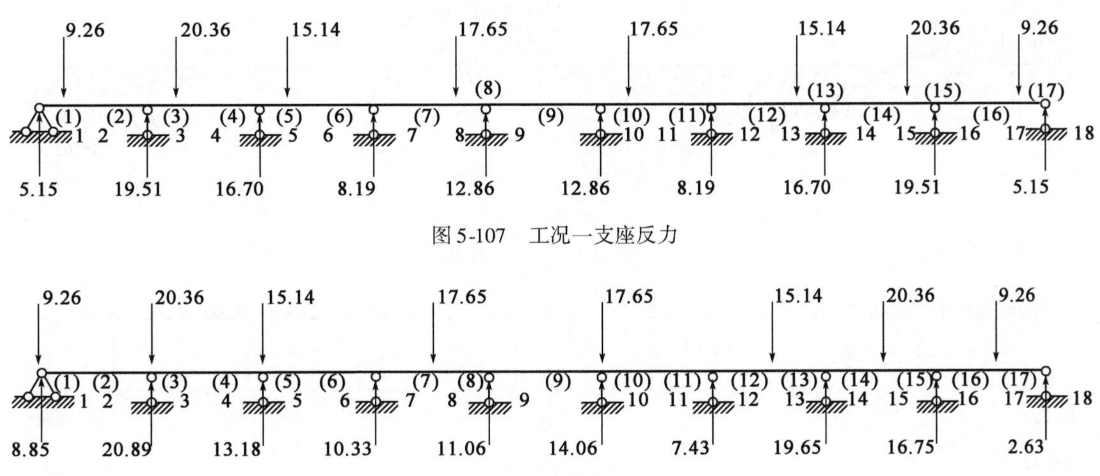

图5-107　工况一支座反力

图5-108　工况二支座反力

6)门洞顶横梁I32a工字钢分析计算

门洞横梁I32a工字钢,考虑最不利荷载组合为20.5kN和20.9kN,布置间距为60cm,计算模型如下(图5-109):

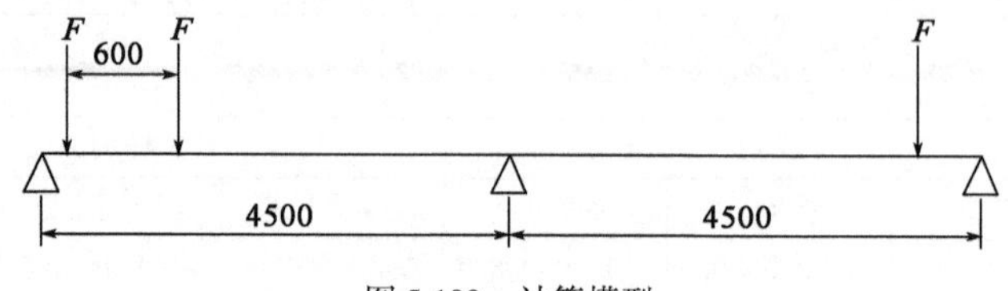

图5-109　计算模型

①工况一:集中力位于跨中均布,见图5-110~图5-114。

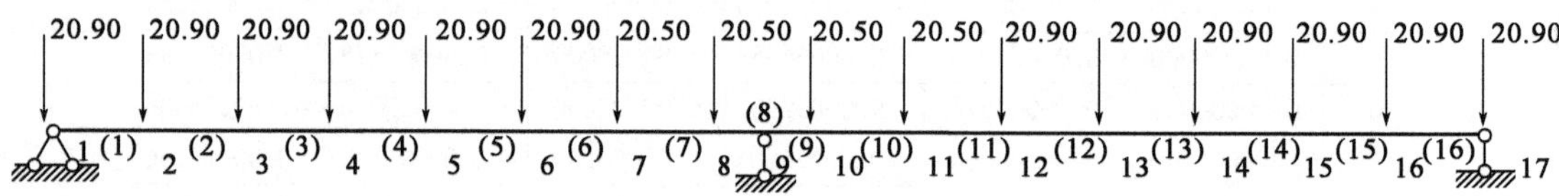

图5-110　工况一模型

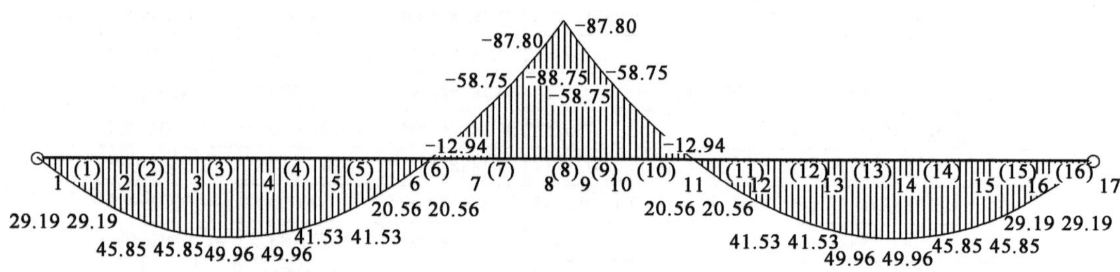

图5-111　工况一弯矩

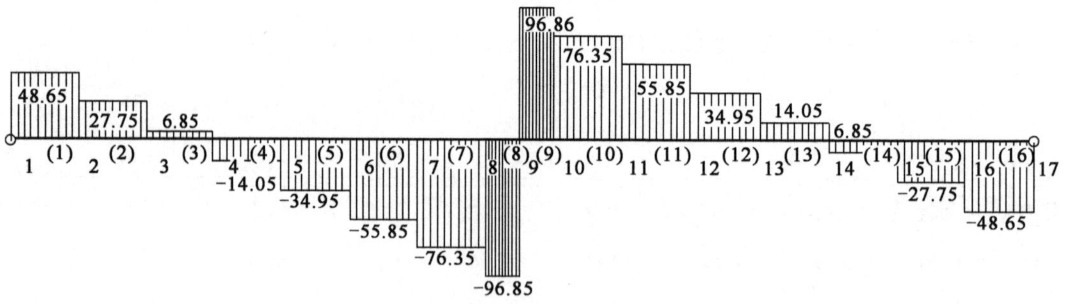

图5-112　工况一剪力

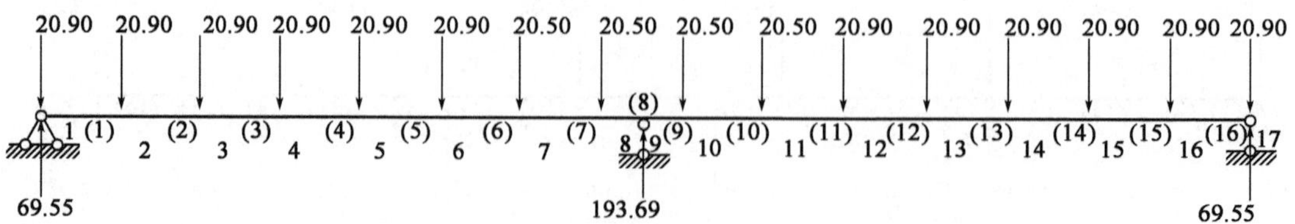

图5-113　工况一支座反力

杆端位移值(乘子 =1)

单元码	杆端 1			杆端 2		
	u-水平位移	ν-竖直位移	θ-转角	u-水平位移	ν-竖直位移	θ-转角
1	0.00000000	0.00000000	-0.00278855	0.00000000	-0.00159785	-0.00241216
2	0.00000000	-0.00159785	-0.00241216	0.00000000	-0.00277637	-0.00144466
3	0.00000000	-0.00277637	-0.00144466	0.00000000	-0.00327790	-0.00020943
4	0.00000000	-0.00327790	-0.00020943	0.00000000	-0.00303881	0.00097019
5	0.00000000	-0.00303881	0.00097019	0.00000000	-0.00218947	0.00177082
6	0.00000000	-0.00218947	0.00177082	0.00000000	-0.00105430	0.00186910
7	0.00000000	-0.00105430	0.00186910	0.00000000	-0.00015108	0.00094476
8	0.00000000	-0.00015108	0.00094476	0.00000000	0.00000000	-0.00000000
9	0.00000000	0.00000000	-0.00000000	0.00000000	-0.00015108	-0.00094476
10	0.00000000	-0.00015108	-0.00094476	0.00000000	-0.00105430	-0.00186910
11	0.00000000	-0.00105430	-0.00186910	0.00000000	-0.00218947	-0.00177082
12	0.00000000	-0.00218947	-0.00177082	0.00000000	-0.00303881	-0.00097019
13	0.00000000	-0.00303881	-0.00097019	0.00000000	-0.00327790	0.00020943
14	0.00000000	-0.00327790	0.00020943	0.00000000	-0.00277637	0.00144466
15	0.00000000	-0.00277637	0.00144466	0.00000000	-0.00159785	0.00241216
16	0.00000000	-0.00159785	0.00241216	0.00000000	0.00000000	0.00278855

图 5-114　工况一变形

②工况二:集中力临近支座处,见图 5-115 ~ 图 5-119。

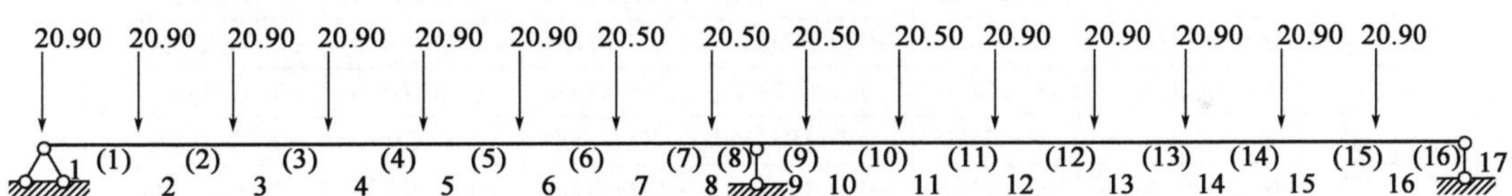

图 5-115　工况二模型

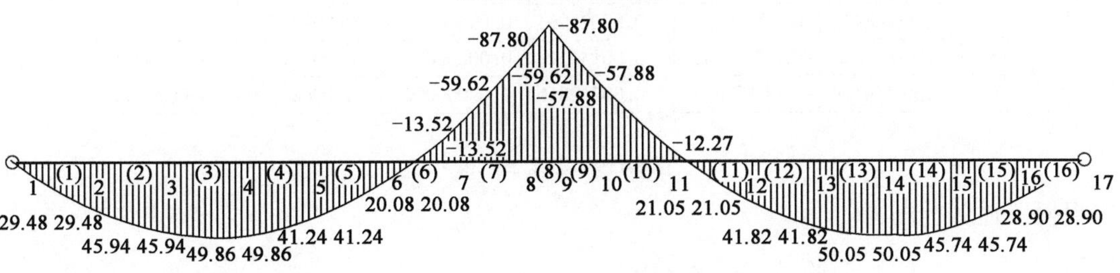

图 5-116　工况二弯矩

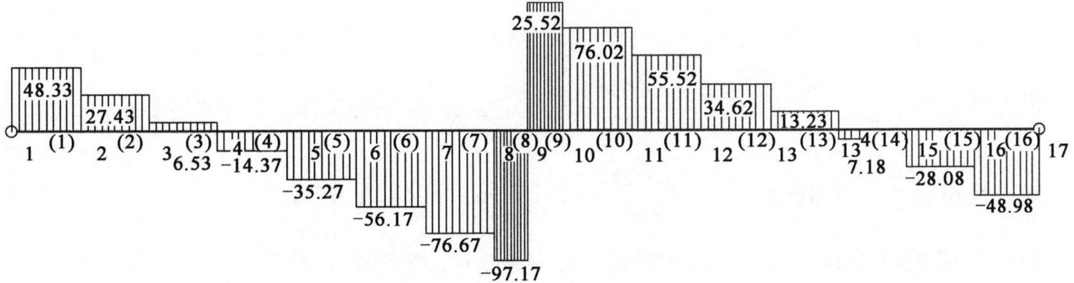

图 5-117　工况二剪力

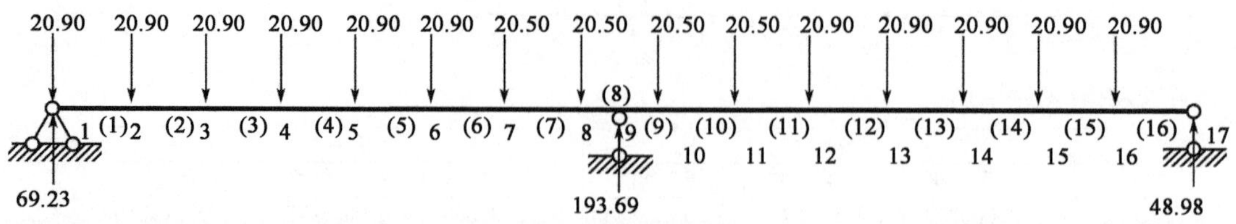

图 5-118　工况二支座反力

杆端位移值(乘子 =1)

单元码	杆端 1			杆端 2		
	u-水平位移	ν-竖直位移	θ-转角	u-水平位移	ν-竖直位移	θ-转角
1	0.00000000	0.00000000	-0.00278244	0.00000000	-0.00161871	-0.00239598
2	0.00000000	-0.00161871	-0.00239598	0.00000000	-0.00278578	-0.00142351
3	0.00000000	-0.00278578	-0.00142351	0.00000000	-0.00327437	-0.00018830
4	0.00000000	-0.00327437	-0.00018830	0.00000000	-0.00302385	0.00098630
5	0.00000000	-0.00302385	0.00098630	0.00000000	-0.00216760	0.00177692
6	0.00000000	-0.00216760	0.00177692	0.00000000	-0.00103301	0.00186020
7	0.00000000	-0.00103301	0.00186020	0.00000000	-0.00014088	0.00091587
8	0.00000000	-0.00014088	0.00091587	0.00000000	0.00000000	-0.00000282
9	0.00000000	0.00000000	-0.00000282	0.00000000	-0.00016159	-0.00097326
10	0.00000000	-0.00016159	-0.00097326	0.00000000	-0.00107567	-0.00187765
11	0.00000000	-0.00107567	-0.00187765	0.00000000	-0.00221124	-0.00176443
12	0.00000000	-0.00221124	-0.00176443	0.00000000	-0.00305352	-0.00095388
13	0.00000000	-0.00305352	-0.00095388	0.00000000	-0.00328111	0.00023064
14	0.00000000	-0.00328111	0.00023064	0.00000000	-0.00276663	0.00146578
15	0.00000000	-0.00276663	0.00146578	0.00000000	-0.00157672	0.00242816
16	0.00000000	-0.00157672	0.00242816	0.00000000	0.00000000	0.00279453

图 5-119　工况二变形

根据上述分析图得：

最大弯曲应力：$\sigma_{max}=\dfrac{M_{max}}{W}=\dfrac{87.8\times10^6}{692\times10^3}=127.2\text{N/mm}^2\leqslant[\sigma]=145\text{N/mm}^2$，可以满足要求。

最大支座反力：$R=193.7\text{kN}$。

最大剪应力：$\tau_{max}=\dfrac{SQ_{max}}{Ib}=\dfrac{97.2\times10^3}{27.5\times130}=29.1\text{MPa}<[\tau]=85\text{MPa}$，可以满足要求。

最大挠度：$\omega_{max}=3.3\text{mm}<[f]=\dfrac{4500}{400}=11.25\text{mm}$，可以满足要求。

7)门洞横梁双拼 I45a 工字钢、钢管柱以及连接[14a 槽钢受力验算

根据门洞顶横梁 I32a 的各位置的受力情况，采用 midas 建立纵梁 I32a、横梁 I45a 以及钢

管柱的立体模型进行分析，钢管柱下部采用固结，如图5-120～图5-122所示。

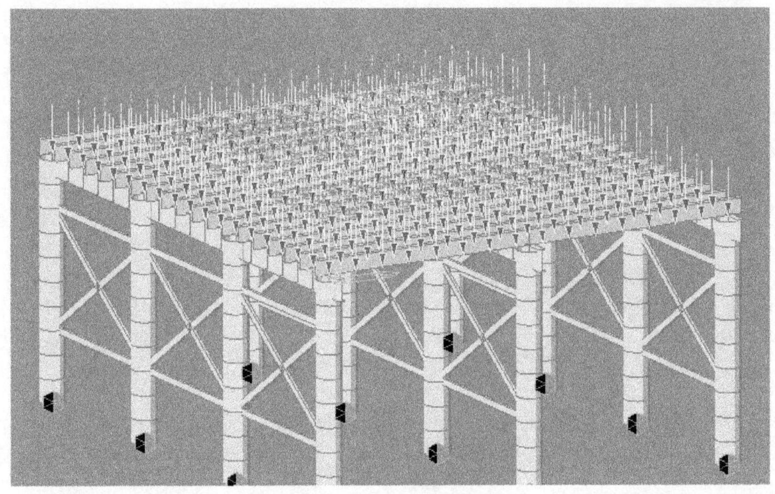

图5-120　门洞整体模型图

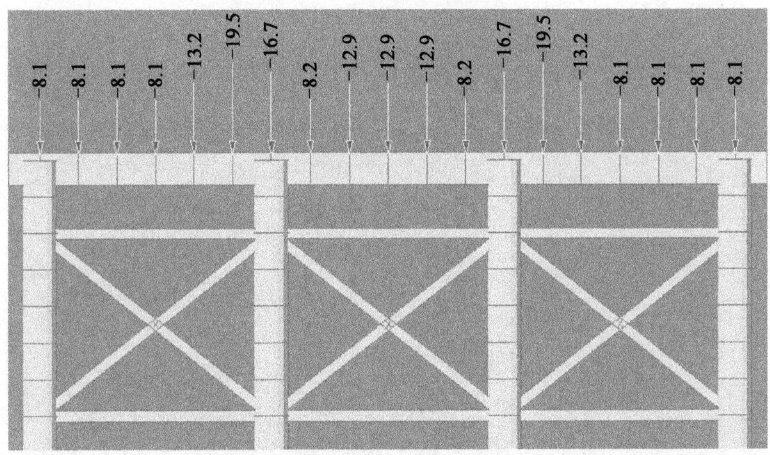

图5-121　门洞两侧处I32a纵梁受力模型图

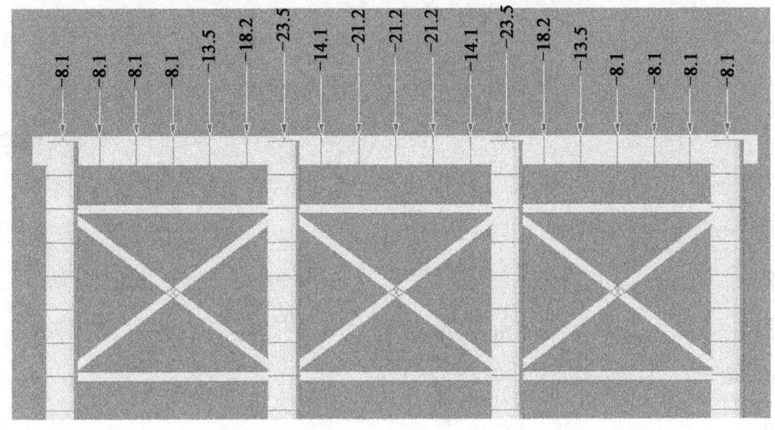

图5-122　门洞中间I32a纵梁受力模型图

模型模拟为一个 I45a 工字钢,双拼工字钢最大组合应力:

$\sigma_{max} = 81\text{N/mm}^2 < [\sigma] = 145\text{N/mm}^2$

满足要求(图 5-123)。

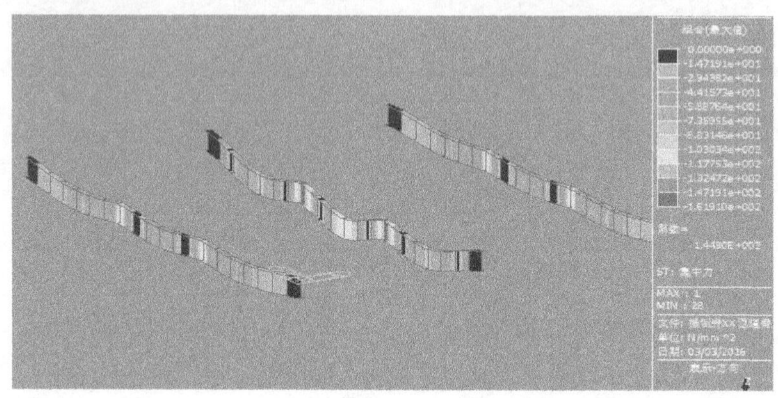

图 5-123　墩顶横梁 I45a 组合应力图

最大挠度:$\omega_{max} = 4\text{mm} < [f] = \frac{3600}{400} = 9\text{mm}$,满足要求(图 5-124)。

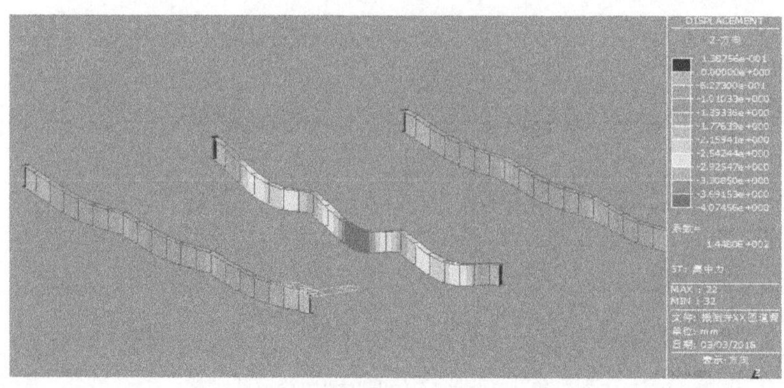

图 5-124　墩顶横梁 I45a 变形图

钢管柱最大组合应力:$\sigma_{max} = 76\text{N/mm}^2 < [\sigma] = 145\text{N/mm}^2$,满足要求(图 5-125)。

连接槽钢最大组合应力 $\sigma_{max} = 24\text{N/mm}^2 < [\sigma] = 145\text{N/mm}^2$,满足要求(图 5-126)。

根据图 5-127 显示门洞支架体系二阶模态分析的临界荷载系数为:16。

8)地基承载力要求(断面尺寸 1.2m×0.8m)

按最大支座反力计算,由钢管柱支座反力图 5-128 能得出,最大的支座反力为 778.9kN,钢管柱固定在断面高为 1.2m,宽 0.8m 混凝土基础上,柱底钢板尺寸为 60cm×60cm,混凝土传力扩散角为 $\theta = 45°$,求得的地基承载力最小为:

$$f = \frac{N}{(a + 2\text{h}\tan\theta)b} = \frac{778.9}{0.8 \times (0.6 + 2.4\tan 45°)} = 324.5\text{kPa}$$

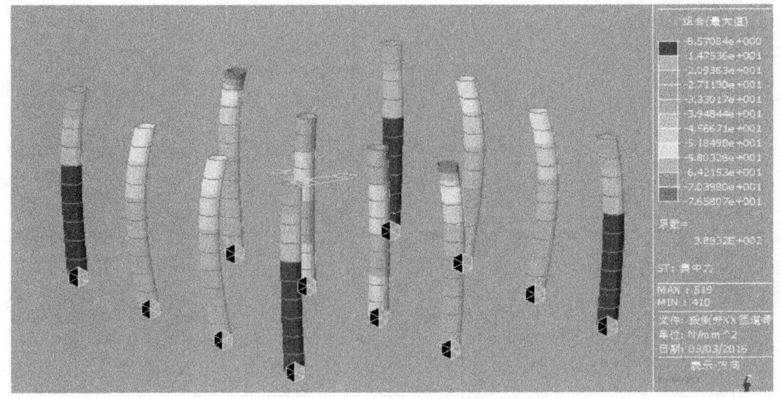

图 5-125　钢管柱组合应力图

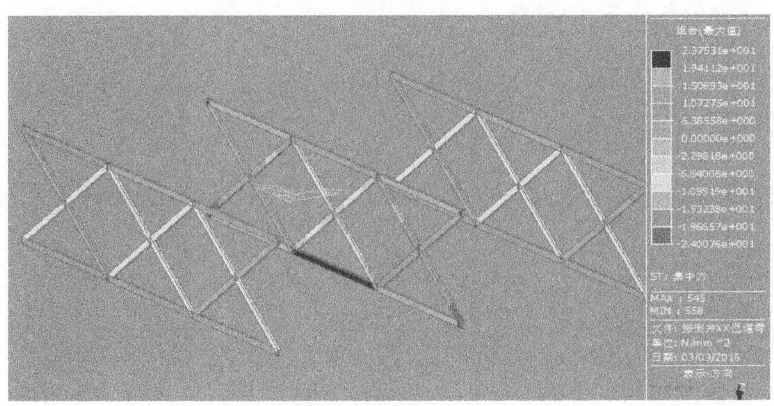

图 5-126　连接槽钢组合应力图

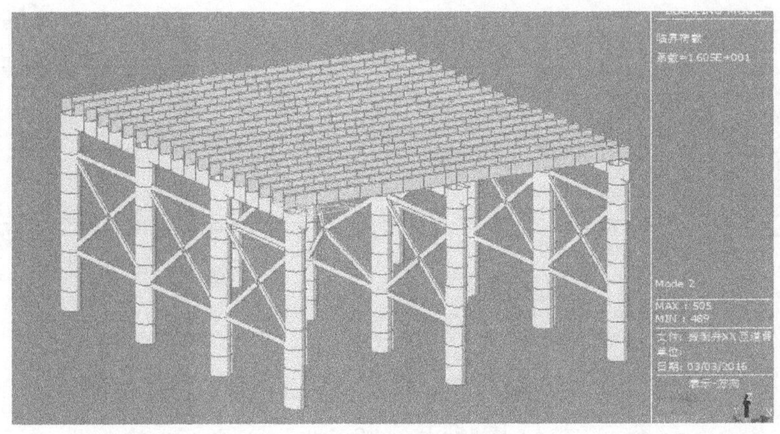

图 5-127　门洞支架屈曲模拟分析

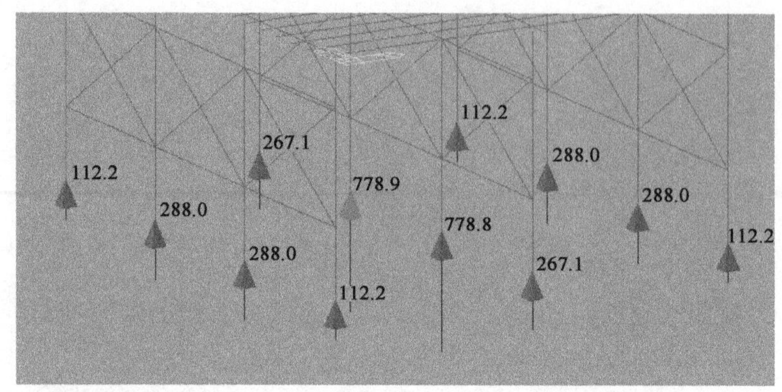

图 5-128 钢管柱支座反力

5.3.4 内模支撑体系设计计算

5.3.4.1 设计概况

现浇梁腹板 1.1m 高，侧模模板采用 15mm 厚木胶模板一次性加工、安装。模板用 5cm × 8cm 方木作为竖向内楞间距 300mm，外楞采用 10cm × 10cm 方木，竖向间距按 500mm 布置，同时采用 ϕ48 ×3.5mm 钢管进行对撑，间距 900mm，具体见图 5-129 腹板侧模支撑体系图。

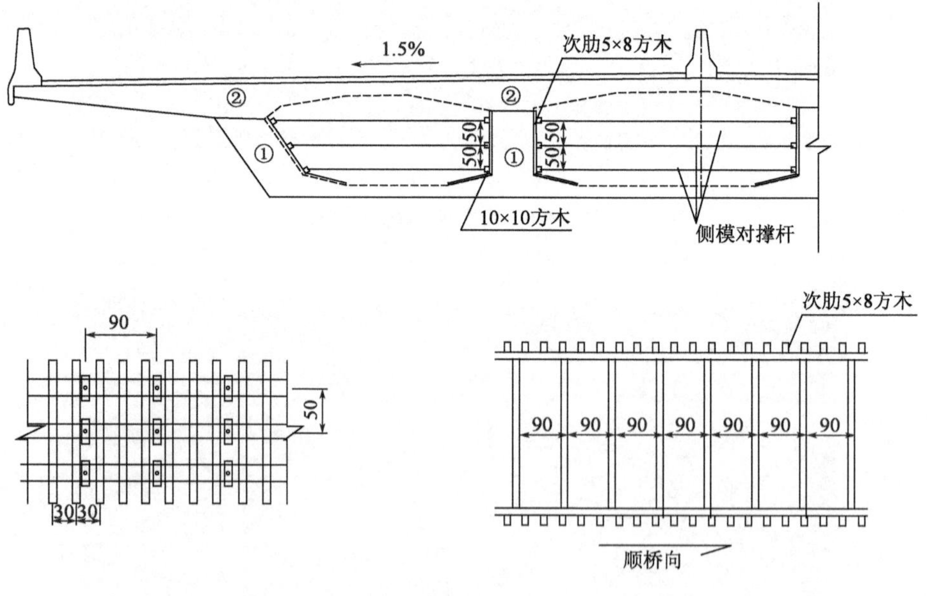

图 5-129 腹板侧模支撑体系图(单位:cm)

现浇梁顶板底模模板采用 15mm 木胶合模板加工制作；次愣用 5cm ×8cm 方木，纵向间距 400mm，外楞采用 10cm ×15cm 方木，横向间距 800mm 布置，支架采用 ϕ48 ×3.5mm 扣件钢管，横距间距为 800mm，纵距为 900mm，步距为 1200mm。具体见图 5-130 顶板支撑体系图。

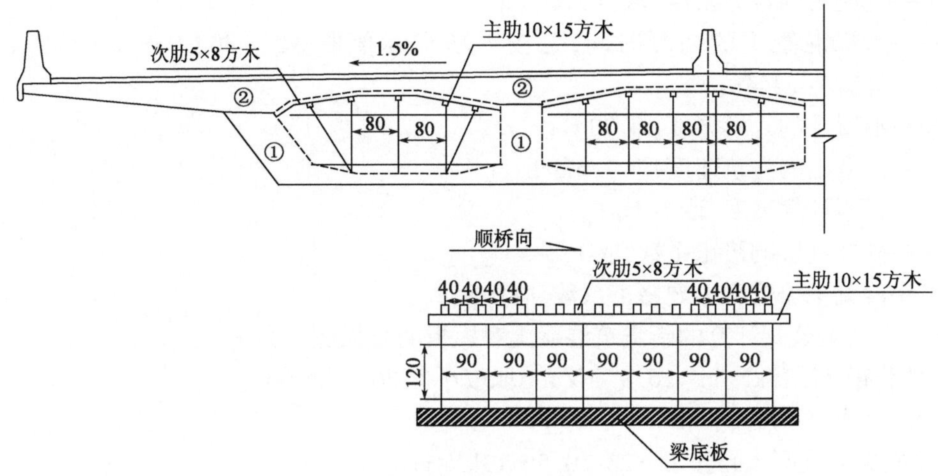

图5-130 顶板支撑体系图(单位:cm)

5.3.4.2 设计依据

(1)《公路桥涵施工技术规范》(JTG/T F50—2011);

(2)《建筑施工模板安全技术规范》(JGJ 162—2017);

(3)《公路桥涵钢结构及木结构设计规范》(JTJ 025—86);

(4)《建筑施工扣件式钢管脚手架安全技术规范》(JGJ 130—2011)。

5.3.4.3 设计参数

设计参数见表5-8。

设计参数表 表5-8

序号	材料	规格	截面模量(mm^3)	惯性矩(mm^4)	备注
1	竹胶板	厚15mm	37.5	281.25	取1mm宽
2	方木	5cm×8cm	53333.3	2133333.3	
3	方木	10cm×10cm	166666.7	8333333.3	
4	方木	10cm×15cm	375000	28125000	
5	混凝土容重取26kN/m^3,面板弹性模量:9500MPa;面板抗弯强度允许值[σ]=30MPa;方木抗弯强度允许值[σ]=11MPa;钢楞弹性模量E=210000MPa,抗弯强度允许值[σ]=145MPa,抗剪强度允许值[τ]=85MPa。					

注:考虑钢管壁厚存在质量缺陷,计算均采用壁厚3.0mm进行验算。

5.3.4.4 荷载取值及组合

(1)振捣混凝土产生的震动荷载:对于垂直模板为4kN/m^2,对于水平模板为2kN/m^2;

(2)倾倒混凝土产生的水平荷载3kN/m^2;

(3)新浇筑混凝土对侧面的压力按下面两式进行计算,并通过比较取较小值:

$$F = 0.22\gamma_c t_0 \beta_1 \beta_2 v^{\frac{1}{2}} \tag{5-1}$$

$$F = \gamma_c H \tag{5-2}$$

式中：γ_c——混凝土的重力密度，取 $26kN/m^3$；

t_0——新浇混凝土的初凝时间，可按现场实际值取，$T = 30℃$，按 $200/(T+15)$ 计算，得4.444h；

T——混凝土的入模温度，取30℃；

v——混凝土的浇筑速度，取1.5m/h；

H——模板计算高度，取1.1m；

β_1——外加剂影响修正系数，取1.2；

β_2——混凝土坍落度影响修正系数，取0.85。

根据以上两个公式计算的新浇筑混凝土对模板的最大侧压力 F；

分别计算得 $31.75kN/m^2$、$26.8\ kN/m^2$，取较小值 $26.8\ kN/m^2$；

(4)施工人员移动荷载 $2kN/m^2$；

(5)顶板钢筋混凝土自重 $G = 26 \times 0.5 = 13kN/m^2$。

计算侧模模板及骨肋强度时，荷载组合为：(1)+(2)+(3)。

计算侧模模板及骨肋刚度时，荷载组合为：(3)。

计算顶板模板及支架强度时，荷载组合为：(1)+(2)+(4)+(5)。

计算顶板模板及支架刚度时，荷载组合为：(5)。

5.3.4.5 计算分析

1)腹板支撑体系计算

(1)侧模面板计算

面板为厚度15mm的竹胶板，计算时按三跨连续梁考虑，取计算宽度为1mm。

①计算模型图5-131：

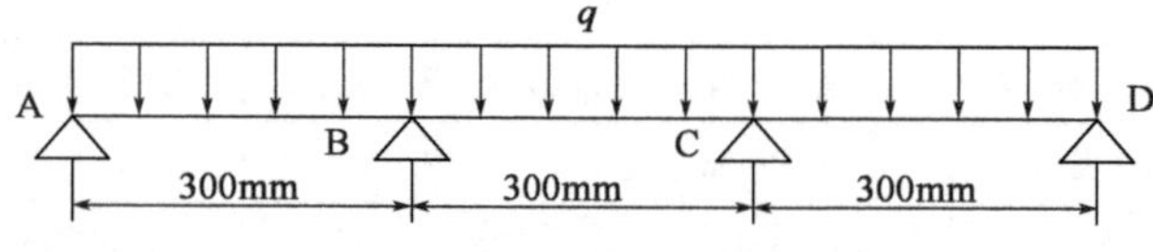

图5-131 计算模型

②面板强度计算：

荷载组合：$q_1 = (4+3+26.8) \times 0.001 = 0.034kN/m$，$q_2 = 26.8 \times 0.001 = 0.027kN/m$

跨中弯距：

$$M = 0.08q_1L^2 = 0.08 \times 0.034 \times 0.3^2 = 2.448 \times 10^{-4}kN \cdot m = 245N \cdot mm$$

截面模量：$W = 37.5mm^3$

$$\sigma_{max} = M_{max}/W = 245N \cdot mm/37.5mm^3 = 6.5MPa < [\sigma] = 30MPa$$

③面板刚度计算：

面板截面惯性矩：$I = 281.25mm^4$

$$f = 0.677\frac{q_2 l^4}{100EI} = \frac{0.677 \times 0.027 \times 300^4}{100 \times 9500 \times 281.25} = 0.55mm < \frac{l}{400} = 0.75mm$$，满足要求。

(2)次楞的计算

次楞采用5cm×8cm方木，间距为300mm，次楞下主楞间距为500mm(即计算跨径L为500mm)，按三跨连续梁考虑。

①计算模型(图5-132)：

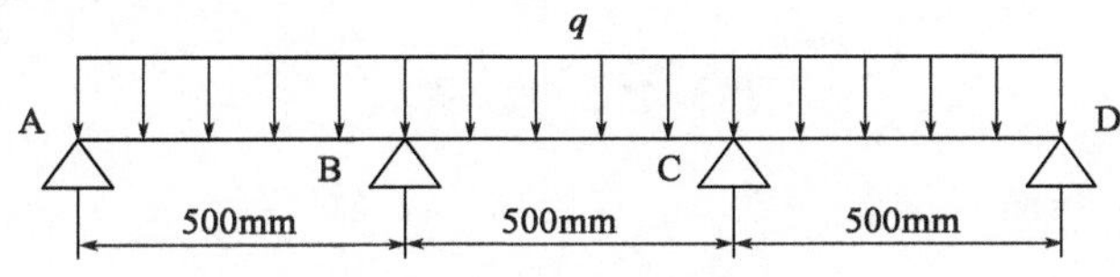

图5-132　计算模型

②强度计算：

荷载组合：$q_1=(4+3+26.8)\times0.3=10.14\text{kN/m}$，$q_2=26.8\times0.3=8.04\text{kN/m}$

跨中弯矩：

$M=0.08q_1L^2=0.08\times10.14\times0.5^2=0.2\text{kN}\cdot\text{m}$

$R_{\max11}=1.1\ q_1\cdot L=1.1\times10.14\times0.5=5.6\text{kN}$

$R_{\max12}=1.1\ q_2\cdot L=1.1\times8.04\times0.5=4.4\text{kN}$

截面模量：$W=53333.3\text{mm}^3$

$\sigma_{\max}=M_{\max}/W=0.2\times10^6\text{N}\cdot\text{mm}/53333.3\text{mm}^3=3.75\text{MPa}<[\sigma]=11\text{MPa}$，满足要求。

③刚度计算：

$$f=0.677\frac{q_2l^4}{100EI}=\frac{0.677\times8.04\times500^4}{100\times10^4\times2133333.3}=0.16\text{mm}<\frac{l}{400}=1.2\text{mm}$$，满足要求。

(3)主楞受力计算

主楞采用10cm×10cm，间距为800mm，计算跨径L为800mm(即拉杆水平间距)，荷载从次楞传递下来的集中力$F=R_{\max1}=5.6\text{kN}$，间距为300mm。

计算模型：

工况一：弯矩最大时，见图5-133～图5-137。

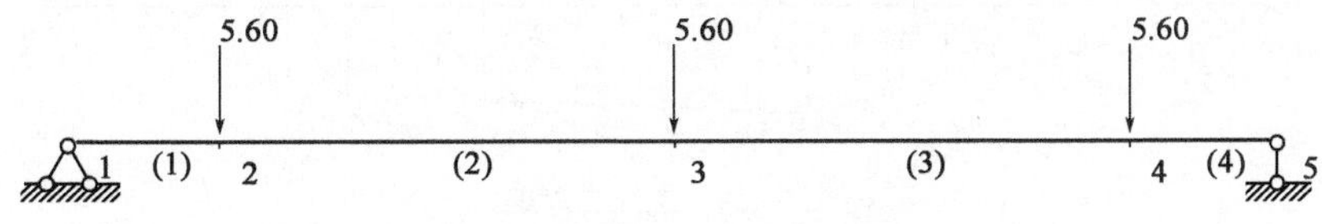

图5-133　工况一主楞受力简图

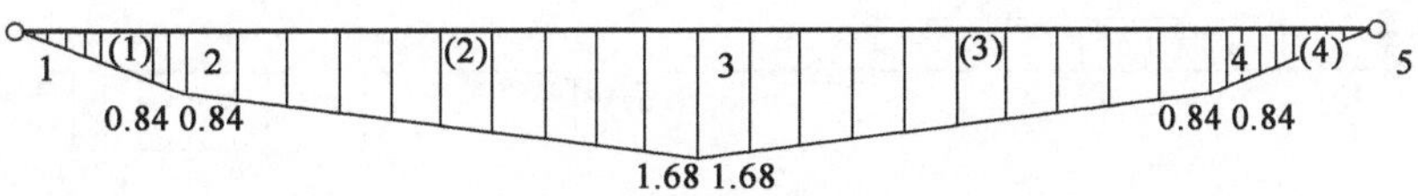

图5-134　工况一弯矩

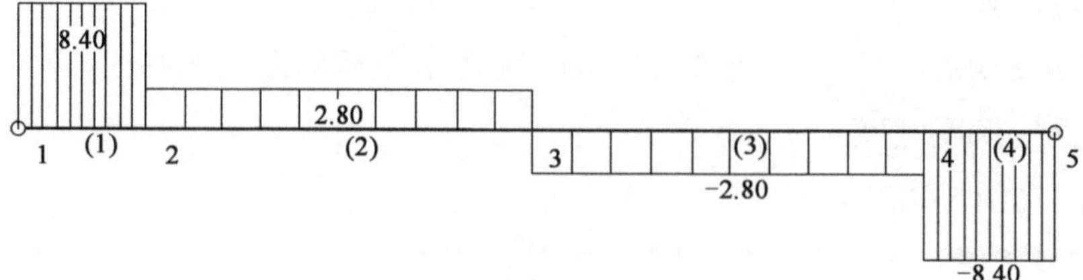

图 5-135　工况一剪力

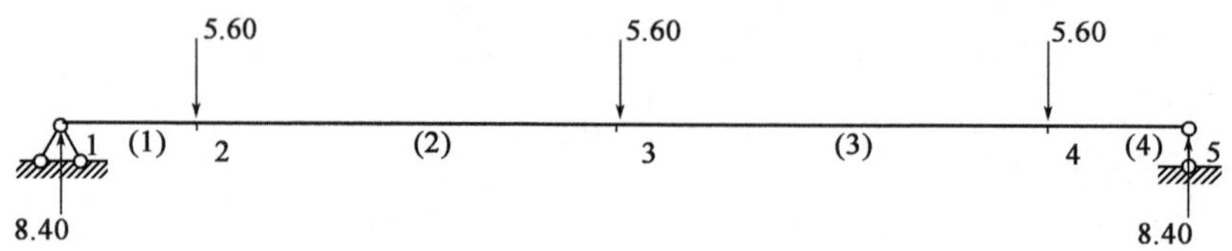

图 5-136　工况一支座反力

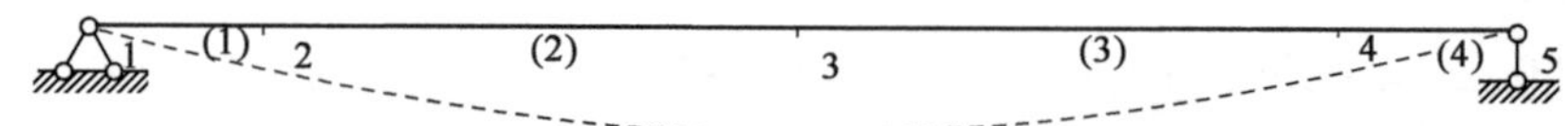

单元码	杆端 1			杆端 2		
	u-水平位移	v-竖直位移	θ-转角	u-水平位移	v-竖直位移	θ-转角
1	0.00000000	0.00000000	-0.00504202	0.00000000	-0.00048739	-0.00453752
2	0.00000000	-0.00048739	-0.00453782	0.00000000	-0.00124370	-0.00000000
3	0.00000000	-0.00124370	-0.00000000	0.00000000	-0.00048739	0.00453782
4	0.00000000	-0.00048739	0.00453782	0.00000000	0.00000000	0.00504202

图 5-137　工况一变形

工况二：剪力最大时，见图 5-138 ~ 图 5-142。

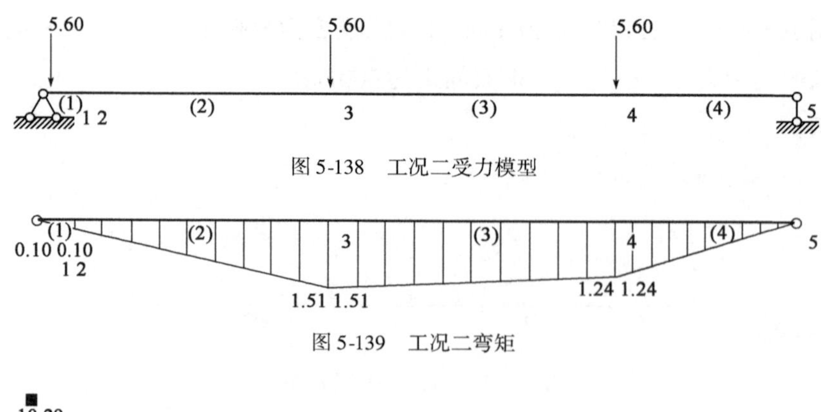

图 5-138　工况二受力模型

图 5-139　工况二弯矩

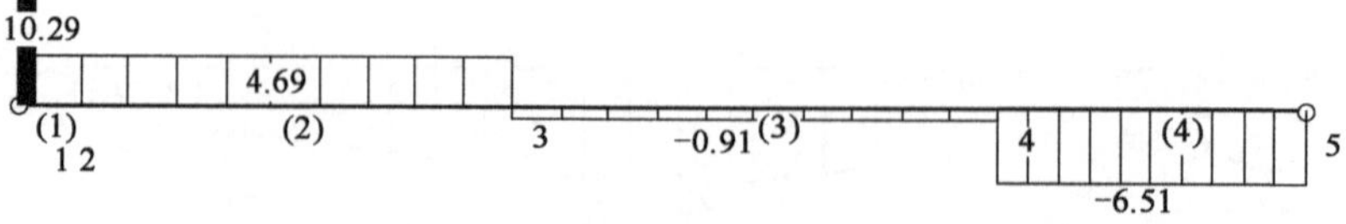

图 5-140　工况二剪力

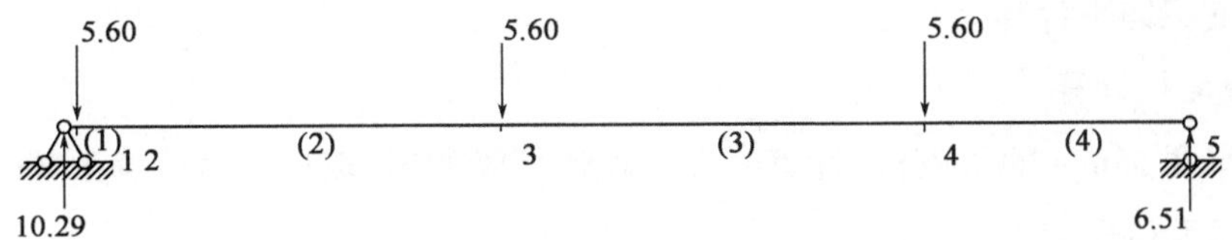

图 5-141　工况二支座反力

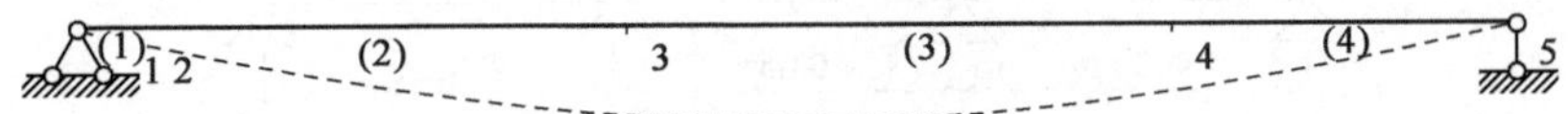

单元码	杆端 1			杆端 2		
	u-水平位移	ν-竖直位移	θ-转角	u-水平位移	ν-竖直位移	θ-转角
1	0.00000000	0.00000000	-0.00452735	0.00000000	-0.00004525	-0.00452118
2	0.00000000	-0.00004525	-0.00452118	0.00000000	-0.00109266	-0.00161697
3	0.00000000	-0.00109266	-0.00161697	0.00000000	-0.00081124	0.00332924
4	0.00000000	-0.00081124	0.00332924	0.00000000	0.00000000	0.00473987

图 5-142　工况二变形

根据上述分析图得：

最大弯曲应力：

$$\sigma_{max} = \frac{M_{max}}{W} = \frac{1.68 \times 10^6}{166666.7} = 10\text{N/mm}^2 \leqslant [\sigma] = 11\text{N/mm}^2$$

最大支座反力：

$R = 10.29\text{kN}$

横纹局部承压验算：

$$\sigma = \frac{R}{bl} = \frac{10.29}{0.1 \times 0.1} = 1\text{MPa} \leqslant [f_c] = 2.9\text{MPa}$$

最大挠度：

$$\omega_{max} = 0.8\text{mm} < [f] = \frac{800}{400} = 2\text{mm}$$

(4)对称钢管计算

根据对主楞计算得最大支座反力 $P = R_{max} = 10.29\text{kN}$；

立杆长细比：$\lambda = \frac{l_0}{i}$，则：$\lambda = \frac{l_0}{i} = \frac{3}{0.0159} = 188$

查《路桥施工计算手册》附表 3-26 得轴心受压稳定系数 $\varphi = 0.893$

Q253A 钢材抗压和抗弯拉允许值为 145MPa

$\sigma = \frac{N}{\varphi A} = \frac{10.29}{0.202 \times 4.24 \times 10^{-4}} = 120\text{MPa} \leqslant f = 145\text{MPa}$，满足稳定性要求。

2)顶板支架体系计算

(1)底模面板计算

面板为厚度15mm的竹胶板,计算时按三跨连续梁考虑,取计算宽度为1mm。

①计算模型(图5-143):

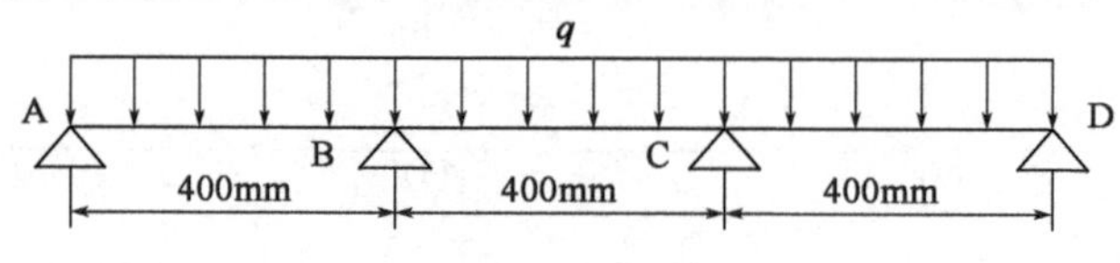

图5-143 计算模型

②面板强度计算:

荷载组合:

$q_1 = (4+3+2+13)\times 0.001 = 0.022\text{kN/m}$

$q_2 = 13\times 0.001 = 0.013\text{kN/m}$

跨中弯距:

$M = 0.08q_1L^2 = 0.08\times 0.022\times 0.4^2 = 2.8\times 10^{-1}\text{kN}\cdot\text{m} = 280\text{N}\cdot\text{mm}$

截面模量:$W = 37.5\text{mm}^3$

$\sigma_{\max} = M_{\max}/W = 280\text{N}\cdot\text{mm}/37.5\text{mm}^3 = 7.4\text{MPa} < [\sigma] = 11\text{MPa}$

③面板刚度计算:

面板截面惯性矩:$I = 281.25\text{mm}^4$

$f = 0.677\dfrac{q_2l^4}{100EI} = \dfrac{0.677\times 0.013\times 400^4}{100\times 9500\times 281.25} = 0.8\text{mm} < \dfrac{l}{400} = 1\text{mm}$,满足要求。

(2)次楞的计算

次楞采用5cm×8cm方木,间距为400mm,次楞下主楞间距为800mm(即计算跨径L为800mm,立杆纵向间距800mm),按三跨连续梁考虑。

①计算模型(图5-144):

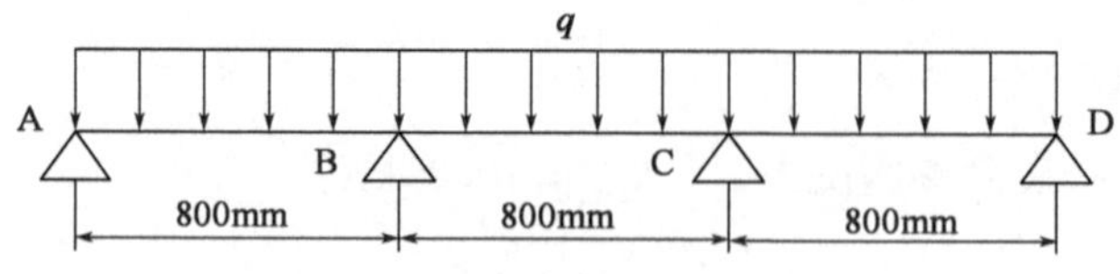

图5-144 计算类型

②强度计算:

荷载组合:$q_1 = (4+3+2+13)\times 0.4 = 8.8\text{kN/m}$

$q_2 = 13\times 0.4 = 5.2\text{kN/m}$

跨中弯矩:

$M = 0.08q_1L^2 = 0.08 \times 8.8 \times 0.8^2 = 0.45\text{kN} \cdot \text{m}$

$R_{\max 1} = 1.1\ q_1 \cdot L = 1.1 \times 8.8 \times 0.8 = 7.7\text{kN}$

$R_{\max 2} = 1.1\ q_2 \cdot L = 1.1 \times 5.2 \times 0.8 = 4.6\text{kN}$

截面模量：$W = 53333.3\text{mm}^3$

$\sigma_{\max} = M_{\max}/W = 0.45 \times 10^6 \text{N} \cdot \text{mm}/53333.3\text{mm}^3 = 8.4\text{MPa} < [\sigma] = 11\text{MPa}$，满足要求。

③刚度计算：

$$f = 0.677\frac{q_2 l^4}{100EI} = \frac{0.677 \times 4.6 \times 800^4}{100 \times 2.1 \times 10^5 \times 2133333.3} = 0.03\text{mm} < \frac{l}{400} = 2\text{mm}$$，满足要求。

(3)主楞受力计算

主楞采用10cm×15cm方木，中心间距为800mm，计算跨径L为900mm(即立杆横向间距)，荷载从次楞传递下来的集中力，$F = R_{\max 1} = 7.7\text{kN}$，间距为400mm。

①计算模型：

工况一：弯矩最大时，见图5-145～图5-149。

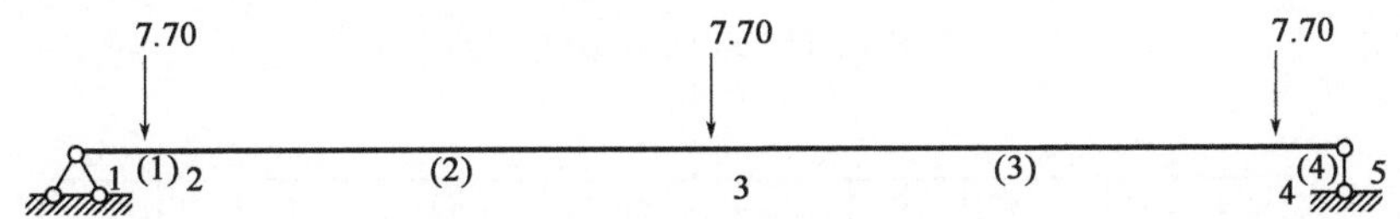

图5-145　工况一主楞受力简图

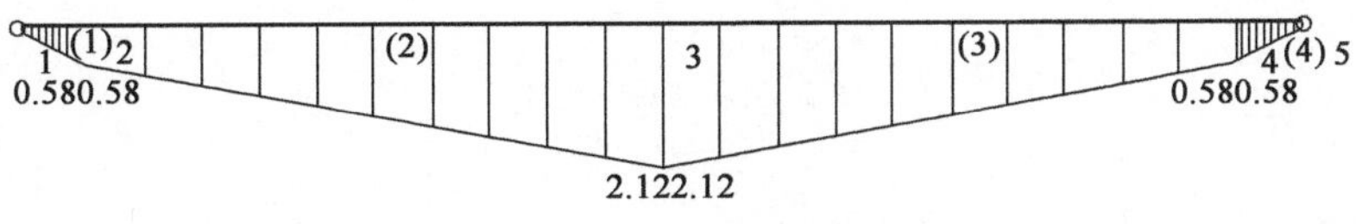

图5-146　工况一弯矩

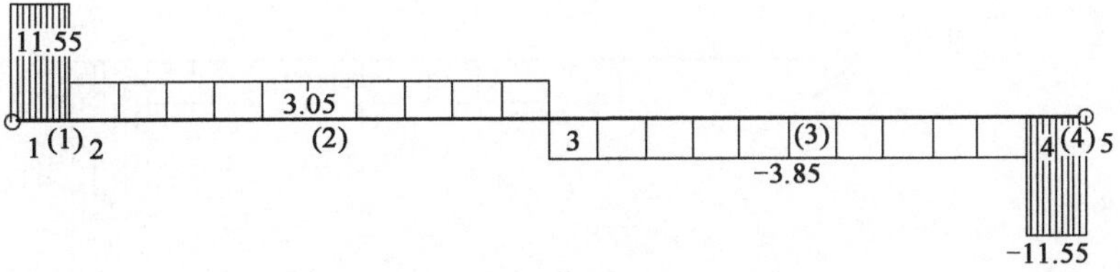

图5-147　工况一剪力

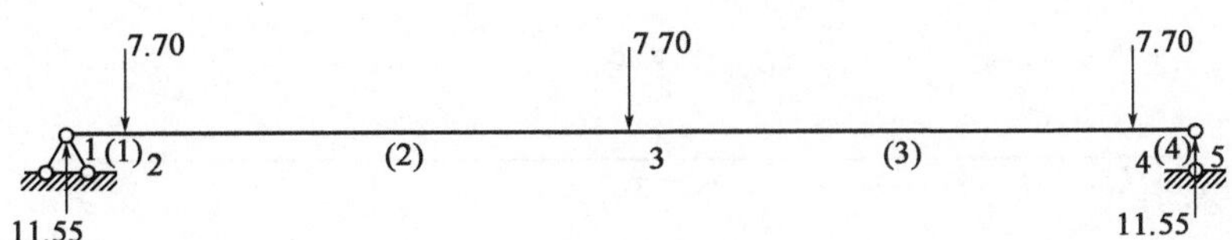

图5-148　工况一支座反力

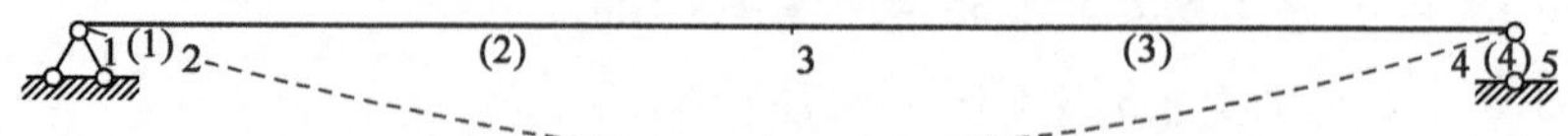

单元码	杆端1			杆端2		
	u-水平位移	v-竖直位移	θ-转角	u-水平位移	v-竖直位移	θ-转角
1	0.00000000	0.00000000	-0.00196778	0.00000000	-0.00009753	-0.00191644
2	0.00000000	-0.00009753	-0.00191644	0.00000000	-0.00055383	0.00000000
3	0.00000000	-0.00055383	0.00000000	0.00000000	-0.00009753	0.00191644
4	0.00000000	-0.00009753	0.00191644	0.00000000	0.00000000	0.00196778

图5-149　工况一变形

工况二:剪力最大时,见图5-150～图5-154。

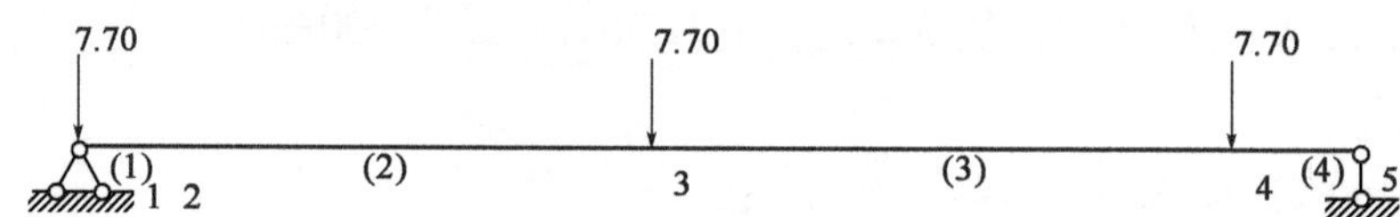

图5-150　工况二受力模型

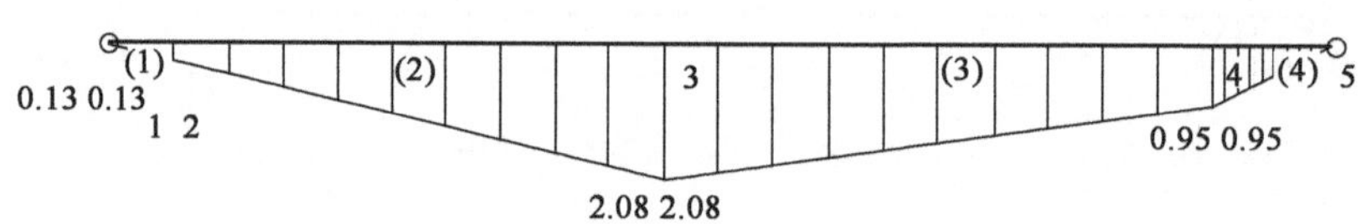

图5-151　工况二弯矩

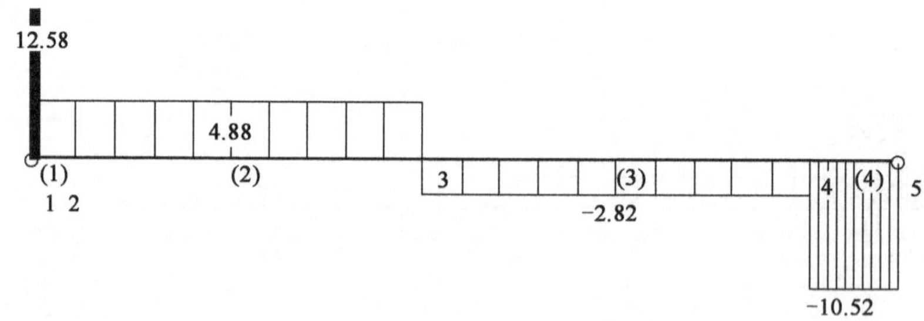

图5-152　工况二剪力

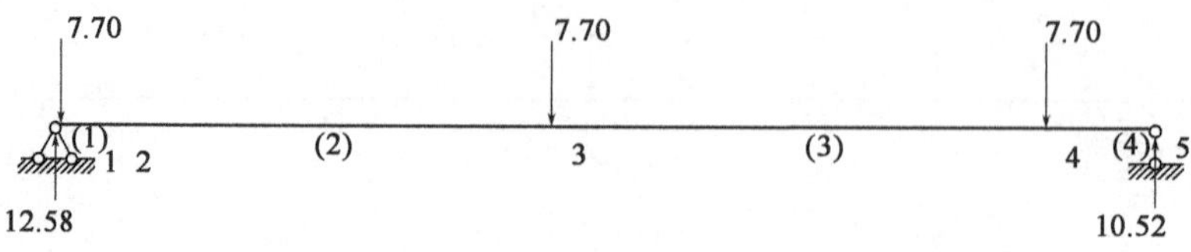

图5-153　工况二支座反力

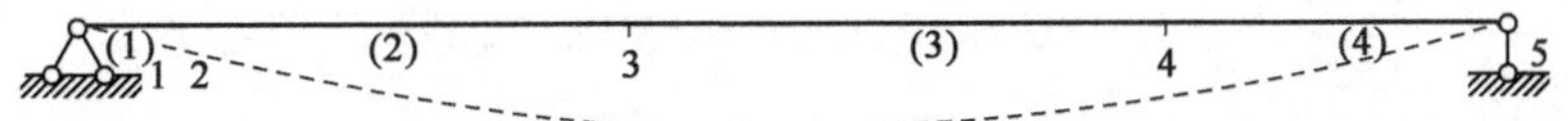

单元码	杆端1			杆端2		
	u-水平位移	ν-竖直位移	θ-转角	u-水平位移	ν-竖直位移	θ-转角
1	0.00000000	0.00000000	-0.00186246	0.00000000	-0.00001862	-0.00186023
2	0.00000000	-0.00001862	-0.00186023	0.00000000	-0.00054198	-0.00029422
3	0.00000000	-0.00054198	-0.00029422	0.00000000	-0.00017612	0.00185585
4	0.00000000	-0.00017612	0.00185585	0.00000000	0.00000000	0.00200738

图5-154 工况二变形

②计算结果：

根据上述分析图得：

最大弯曲应力：

$$\sigma_{max} = \frac{M_{max}}{W} = \frac{2.11 \times 10^6}{375000} = 5.63\text{N/mm}^2 \leqslant [\sigma] = 11\text{N/mm}^2$$

最大支座反力：

$R = 12.6\text{kN}$

横纹局部承压验算：

$$\sigma = \frac{R}{bl} = \frac{12.6}{0.1 \times 0.15} = 0.84\text{MPa} \leqslant [f_c] = 2.9\text{MPa}$$

最大挠度：

$$\omega_{max} = 0.5\text{mm} < [f] = \frac{900}{400} = 2.25\text{mm}$$

(4)立杆稳定性验算

①支架顶悬臂端：

立杆长细比：$\lambda = \frac{l_0}{i}$，则：$\lambda = \frac{l_0}{i} = \frac{1.6}{0.0159} = 100$

查《路桥施工计算手册》附表3-26得轴心受压稳定系数 $\varphi = 0.750$

Q235A钢材抗拉、抗压和抗弯拉容许值为145MPa

$\sigma = \frac{N}{\varphi A} = \frac{12.6}{0.588 \times 4.24 \times 10^{-4}} = 50.5\text{MPa} \leqslant f = 145\text{MPa}$，满足稳定性要求。

②中间步距：

立杆长细比：$\lambda = \frac{l_0}{i}$，则：$\lambda = \frac{l_0}{i} = \frac{1.2}{0.0159} = 75$

查《路桥施工计算手册》附表3-26得轴心受压稳定系数 $\varphi = 0.750$

Q235A钢材抗拉、抗压和抗弯拉容许值为145MPa

$\sigma = \frac{N}{\varphi A} = \frac{12.6}{0.75 \times 4.24 \times 10^{-4}} = 39.6\text{MPa} \leqslant f = 145\text{MPa}$,满足稳定性要求。

(5)承载力验算

底座尺寸:15cm×15cm

$$f_1 = \frac{N}{A'} = \frac{12.6}{0.15 \times 0.15} = 560\text{kPa} \leqslant [\sigma] = 23.1\text{MPa}$$

5.4 现浇梁施工工艺原理

自制的钢桁架的上弦杆支撑并传递翼板混凝土自重荷载,腹杆与箱梁边腹板角度一致,承受混凝土浇筑时的侧压力和混凝土自重的一部分荷载,下弦杆位于支架主梁上,上弦杆和下弦杆中间用4道腹杆连接,形成整体,共同承受混凝土自重荷载及其他活荷载并通过下弦杆和主梁将荷载均匀传递给支架。结构安全可靠,高效稳定,极大地提高了混凝土成型的外观质量水平。

5.5 现浇梁施工设计选型

钢桁架为模板支撑体系中主要受力构件,各杆件规格通过计算来确定。计算荷载取现浇钢筋混凝土自重、设备及人员活荷载、浇筑和振捣混凝土的荷载,以及其他施工荷载,同时考虑到方便施工,减少钢桁架自重,节省材料。计算简图为简化的二力杆件组合体,荷载简化为节点荷载,由截面法求得桁架各杆件内力,根据各杆件内力对杆件规格进行选择和验算。桁架上弦和下弦采用C100×50×3槽钢,腹杆a采用C100×50×3槽钢,其余4道受压腹杆均为A42×3钢管,弦杆和腹杆采用焊接连接,钢桁架布置间距为1000mm。

因为此钢桁架设计是上弦采用槽钢,当钢桁架承受荷载时,在侧向力作用下钢桁架平面外存在失稳因素,所以要施工中每4榀用钢管扣件连接组合,使其共同受力形成一整体,提高整体刚度和稳定性。

由于钢桁架模板支撑体系的荷载最终由工字钢和支架钢管承担,故还应对工字钢和立杆钢管承载力进行验算。

5.6 现浇梁施工操作要点

5.6.1 钢桁架原材加工

根据现浇梁的梁高和翼板的宽度设计出钢桁架的结构尺寸,并根据尺寸进行下料,以用于后续钢桁架的焊接施工。为固定好腹杆 a 上方木的位置并控制好间距，下料并加工长度为 10cm 的 C16 钢筋，用于后续等间距焊接在腹杆 a 上，用于支撑方木。

5.6.2　钢桁架安装

钢桁架安装前，先用水准仪和塔尺控制好 I10 工字钢标高，根据全站仪放样的边腹板边线并预留出模板和方木的位置，将钢桁架边线的位置定出并加固。见图 5-155。

钢桁架安装完成后，位置和标高经确认无误后，采用拉杆固定，防止其受混凝土侧压力而移位。拉杆采用 C12 钢筋，一端焊接在 I10 工字钢上，另一端与钢桁架上的双拼钢管用螺栓连接，具体见图 5-156。

图 5-155　钢桁架位置的确定

图 5-156　钢桁架加固的拉杆

为保证钢桁架整体受力，钢管在腹杆 e 的中部位置用旋转扣件进行连接，同时用钢管将钢桁架和下方的支架连接成整体，以确保整体稳定性，见图 5-157、图 5-158。

图 5-157　钢桁架用钢管连接成整体

图 5-158　钢桁架与支架连接

5.6.3 模板和桁架拆除

现浇梁混凝土浇筑完成后强度达到设计强度的80%后,可进行钢桁架和其支撑体系的模板拆除[15]。钢桁架顶部的防护栏杆先进行拆除,后将钢桁架之间的连系、钢桁架与支架之间的连系解除。然后松动钢桁架下面的支架顶托,钢桁架随着工字钢整体自然下降,下降至一定空间后,将其支撑的模板和方木拆除并抽出,然后依次放倒钢桁架并整体吊装至指定位置,以备下次重复使用。拆卸过程中对钢桁架结构不能造成破坏,循环周转次数要多。

5.7 现浇梁施工工艺特点

施工工序简单,工序少,效率高,安装和拆卸方便。

角度控制得当,面板与分配梁完全接触,模板支撑稳固,不易变形或移位。

结构整体受力,整体刚度好,稳定性良好,安全可靠。

循环利用时间久,一次性制作完成可持续使用,一次性到位,无维修和调整成本。

箱梁外侧模板施工可操作性增强,有效减少模板漏浆、胀模、错台、平整度差、模板周转率低等现象,极大地提高箱梁混凝土的外观质量。

第6章　防撞护栏施工技术研究

6.1　防撞护栏施工概况

本工程的防撞护栏线形多变复杂，为解决小半径曲线防撞护栏线形难控制的问题，通过对护栏模板的优化，采用小节段非对称模板进行施工（消除内外弧差）。该方法有效地解决了模板间拼缝不均匀，线形不顺畅等外观质量问题。

在护栏接缝处设置宽度和深度均为2cm的倒梯形钢条，位于模板一边，在接缝处软木板安装时与钢条对齐，拆模后钢条处会形成规则凹槽，线形顺直，效果较好。护栏模板上口采用二次打磨处理，有效解决了拆模易造成护栏上檐出现掉角的通病。

6.2　自动喷淋养护系统

6.2.1　应用背景

京沪高速公路济南连接线工程一标（搬倒井互通立交），桥梁总长度4120.1m，防撞护栏总长度为10365.8m。防撞护栏传统施工中养护是由人工定时进行洒水养护，其效果不佳，且存在不确定性和不稳定性。防撞护栏混凝土养护不到位将使其表面出现龟裂，对防撞护栏外观质量有极大的影响。为了进一步提升结构物养护质量，现场通过多次试验和改进，从而形成了一套行之有效的自动喷淋养护系统。

图6-1　储水器

6.2.2　系统组成

防撞护栏自动喷淋养护系统共由四部分组成，分别为储水器、高压水泵、智能控制箱及直径5cm双侧打孔PVC（聚氯乙烯）管，参见图6-1～图6-4。

6.2.3　控制要点

双侧打孔PVC管（打孔间距为15cm，孔径为1mm）安装：第一步,为防止施工过程中双侧打孔 PVC 管发生偏移,PVC 管采用直径 8mm 镀锌钢筋与护栏固定。第二步,为防止水分流失,两侧打孔 PVC 管顶部覆盖土工布。双侧打孔 PVC 管安装示意见图 6-5、图 6-6。

图 6-2　高压水泵

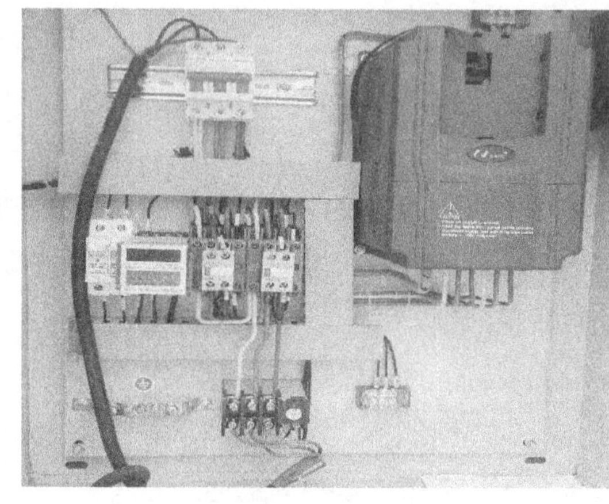

图 6-3　智能控制箱

图 6-4　双侧打孔 PVC 管

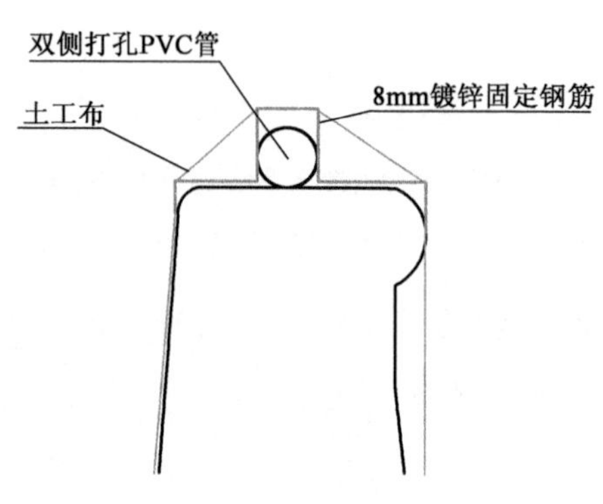

图 6-5　双侧打孔 PVC 管安装示意图

图 6-6　双侧打孔 PVC 管安装效果图

自动喷淋系统采用三相电源,线路由电源(分配箱)接入高压水泵控制开关(总开关),其次接入自动喷淋时间控制器,最后线路接入储水器内高压水泵。线路接入高压水泵控制开关的同时必须进行接地保护[16-18]。喷淋智能设备电路安装示意图见图 6-7。

喷淋系统根据当天天气情况设置喷淋时间和间隔,打开控制开关,设备开始工作。见图 6-8,左侧圆圈内为设置区,圈内左侧(黑色)为喷淋时间,右侧(红色)为间隔时间,设定时,应注意选择单位,字母“S”为秒,字母“M”为分钟,字母“H”为小时。

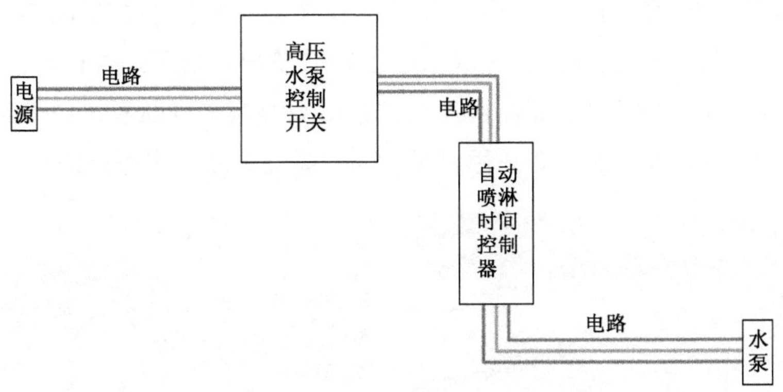

图6-7　喷淋智能设备电路安装示意图

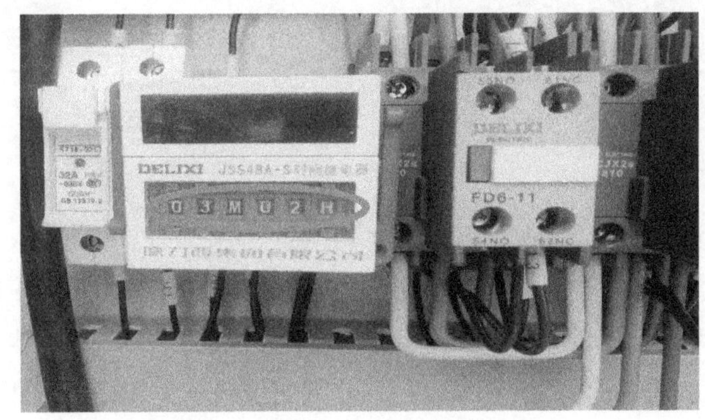

图6-8　智能控制箱

6.2.4　施工流程

储水设备加水:由项目部管理人员每天早上安排洒水车对各护栏施工区域喷淋系统储水器进行加水,确保一天的养护用水量,见图6-9。

智能设备调控及打开:储水器加水完成后,管理人员根据当天气温情况设定喷淋时间和等待时间,调设完成后打开开关,设备开始运转,见图6-10。

图6-9　储水器加水

图6-10　管理人员调控设备

设备出水情况检查:开关打开后,检查双侧 PVC 管是否正常出水,见图 6-11。

覆盖土工布:初次安装后,应先检查双侧打孔 PVC 管出水情况是否正常,正常后在护栏顶面覆盖土工布。已经养护的区域,只需检查土工布是否湿润来判断系统是否正常运行。为了防止在大风时土工布被吹落,土工布采用直径 16mm 螺纹钢 U 形卡进行固定,参见图 6-12。

图 6-11　双侧打孔 PVC 管出水情况观察

图 6-12　护栏顶面覆盖土工布

6.2.5　工艺特点

(1)降低劳动力

根据施工进度,传统的防撞护栏养护,每个施工区域内需配备洒水车 1 辆,工人 2 人;防撞护栏自动喷淋系统可以覆盖多个施工区域且只需配备 1 台洒水车,每天早上对喷淋系统储水器进行加水,配备工人 1 名,只需负责早晚打开和关闭控制开关即可,参见图 6-13、图 6-14。

图 6-13　传统防撞护栏洒水养护

图 6-14　自动喷淋系统打开控制开关

(2)节约用水

传统防撞护栏养护,由于洒水是在护栏土工布外侧进行,土工布虽有保水效果,但同时也有阻水效果,防撞护栏表面因土工布的阻挡而不能全部湿润。再者由于养护效果不佳,从而通过加大每天洒水频次的方式达到预期效果,一般情况防撞护栏每天至少洒水 5 ~ 6 次,由于土工布有阻水的因素,每次 30m 防撞护栏养护用水约 $3m^3$,每天每 30m 防撞护栏养护用水约 $15m^3$。如采用自动喷淋系统养护,每分钟所需用水约 $0.13m^3$,8h 共计喷淋 11 次,共用水

$4.3m^3$,用水量节约近4倍。养护效果见图6-15和图6-16。

图6-15　传统护栏养护效果

图6-16　自动喷淋护栏养护效果

第 7 章　施工管理研究

7.1　BIM 技术在施工管理中的应用

7.1.1　技术研究背景

随着我国桥梁建设水平的高速发展、互通立交工程的规模不断增大、施工工艺更加复杂及施工管理难度增加，急需一种有效的信息化手段提高技术人员工作效率，减少施工管理难度，为此在互通立交项目中引用了 BIM 技术进行应用验证研究[19-22]。

搬倒井互通立交全景 BIM 模型如图 7-1 所示。通过 BIM 技术应用效果的收集对比分析，总结出适应互通立交施工的 BIM 技术应用方式，并为今后 BIM 技术在桥梁工程中更好地应用打下了基础。

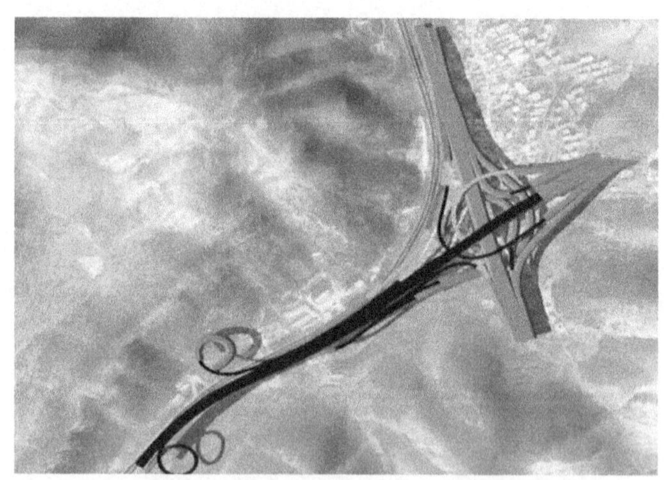

图 7-1　搬倒井互通立交全景 BIM 模型图

7.1.2　技术研究目的

互通立交工程构筑物多，结构复杂多样，施工密集、交叉作业繁多，工期紧，一旦开工就易形成多点开花、全面动工的大干场面，因此要求技术人员在极短的时间内熟悉各种图纸且需短期内计算出工程量。但是单纯的二维图纸所能体现的信息有极大的局限性，致使技术人员很难在短时间内吃透图纸领会图纸的设计意图，否则后续交底、施工易发生因施工细节考虑不足的问题。利用 BIM 技术的三维可视化功能解决互通立交施工前技术人员面临的短期内识图数量多、专业杂、难度大的困境[23-24]；利用三维交底，帮助技术人员掌握图纸中复杂部位或不易控制环节，形象地知道要做成什么样，要管什么。

由于互通立交工期紧、交叉作业多，利用BIM技术的三维视图，解决各分部工程施工的顺序，科学组织、安全生产，使每道工序可以顺利衔接。

7.1.3 技术应用研究内容

(1)解决技术人员短期内识图多、专业杂、难度大的困难[25]

互通立交工程中结构复杂、种类繁多，二维图纸识图表述复杂，但利用BIM技术通过REVIT软件建立了三维信息模型后[26]，得到按设计参数虚拟的建筑，直观反映项目建成后的效果，能展现二维图纸所不能给予的视觉效果和认知角度，如图7-2所示。

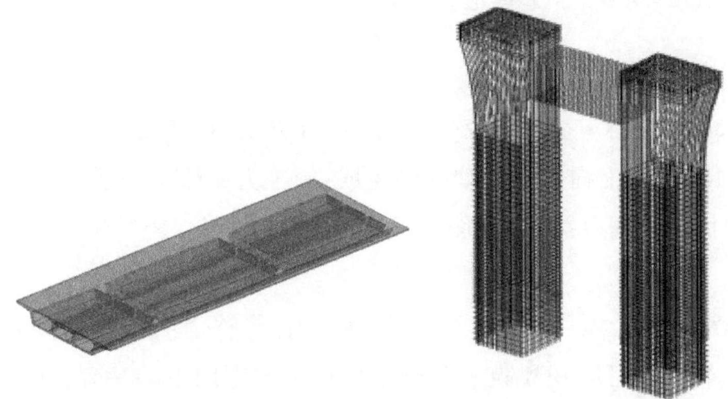

图7-2 对搬倒井互通立交进行建模后的三维立体观察图

(2)明确施工顺序，科学组织施工[27-28]

搬倒井互通立交工程共5层，整个互通桥梁面积近10万m^2，共计包括1座东延主线桥、2座南延主线桥及12条匝道，施工交错复杂。利用BIM模型作为参数化的模型，在建模的同时，各类构件被赋予了尺寸、型号、材料等约束参数，直观呈现出作业交叉部位，根据由高到低的施工顺序，合理组织施工，如图7-3、图7-4所示。

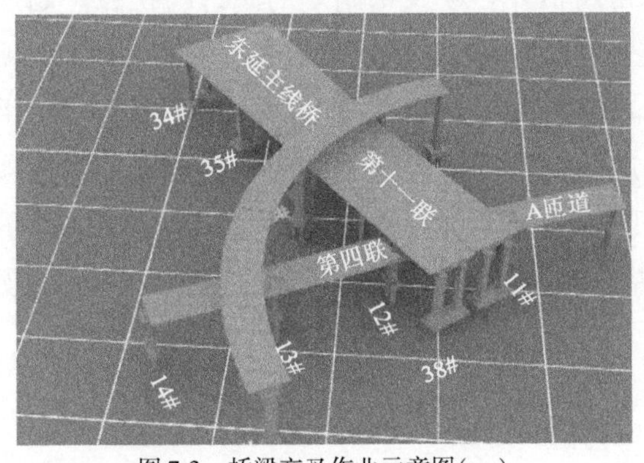

图7-3 桥梁交叉作业示意图(一)

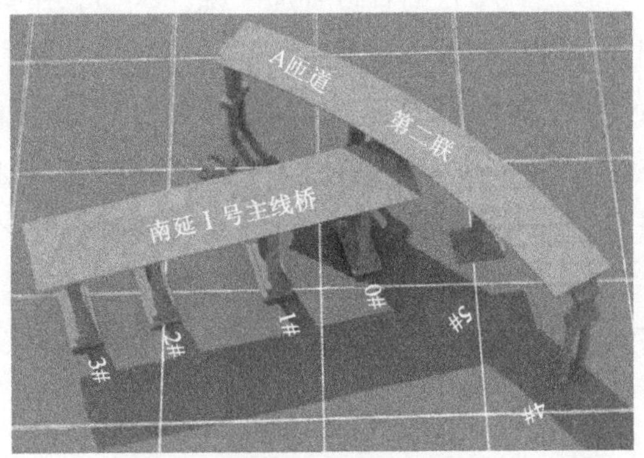

图7-4 桥梁交叉作业示意图(二)

7.1.4 技术实施效果

(1)通过以直观多视角的信息模型查看,现场技术人员和施工人员快速掌握图纸,更清楚地把控施工细节部位;将结构物结构尺寸信息以图片形式输出,用于技术交底,帮助技术人员更准确地指导施工,易于控制施工质量。

(2)运用BIM技术三维多角度观察,明确施工先后顺序,准确制订节点工期,做到在施工过程中井然有序、互不干扰。整个项目施工过程中未出现因交叉作业导致部分作业面停滞状态。

(3)由于搬倒井互通立交为边施工边设计,下发图纸为阶段施工图纸,由于图纸下发及组织施工较为紧张,在BIM建模后给予其尺寸、参数及约束,然后将工程数量信息导出与图纸工程数量进行对比,技术人员利用导出的数据与设计进行沟通,设计通过对提交的导出数据的复核,对数据的准确性、可靠性给予了肯定。

7.1.5 技术实施结论

通过BIM技术在搬倒井互通立交施工中的成功应用,实现BIM技术在桥梁互通工程中3D(三维)交底、深化设计、工程数量自动准确生成、施工方案模拟分析、分析优化等应用,这些应用极大提高了项目的管理效益,使工程技术人员工作简易化、轻松化、高效化,为施工管理带来了新的理念。

BIM技术应是贯穿整个项目施工管理的全面应用,将整个项目信息转化为数码信息进行高度的集约管理。本次研究是BIM技术在整个项目管理应用中的基础,在以后的互通立交工程中整个项目管理应基于BIM技术在项目的全面应用,在一个平台系统上集中进行信息化管理,利用信息化技术高效、直观的特点提高管理效益。

7.2 施工管理制度

本项目以制度设计为核心,做好有效授权。

首先从项目的日常管理来说,一个成功的项目离不开各项规章制度的制订与执行。制度建设是项目建设中一项艰巨的、长期化的工作,它是项目各项工作正常有效开展的基础,是项目健康有序发展的有力保障,同时也是提高工作效率和工作质量,降低生产风险的重要管理手段,不重视制度建设的项目其经营管理工作必将成为一盘散沙。京沪济南项目部高度重视项目各方面制度的建设,在制订、执行、完善等多个阶段做到了领导重视、全员参与,同时明确了各部门、各管理岗位职责,落实阶段考核,切实做到了“用制度管人,按制度办事”。以下就项目上推行比较成功的几项制度做一些分析。

7.2.1 轮值安全员制度

轮值安全员制度是京沪济南项目部推行的一项有特色的安全质量管理制度,这项制度包括了班前安全讲话、网络平台曝光、安全工作交接等内容。制度要求项目所有现场管理人员每日轮换担任“轮值安全员”工作，轮值安全员每天早上进行班前安全讲话，提醒当天需要特别注意的安全相关事项；工作时段对工地全线进行安全隐患排查，对需整改部位进行网络平台曝光，通知相关人员进行整改，并监督整改过程，反馈结果；每日巡查工作结束后将未完成工作与下一任轮值安全员进行交接。这项制度完整体现了制度建设过程中全员参与的特点。从制度的最开始制订开始，项目部就制度的各个细节进行了多次会议讨论，经过全方位的论证，充分考虑和吸收各方面的建议和意见，形成了大家能共同接受、共同遵守的制度。在制度执行过程中，覆盖面广，做到了“安全人人抓，人人抓安全”，每位项目员工都会参与到这项制度中来，这不仅强化了所有人的安全意识，提高了员工的责任感，更使得在制度改进完善过程中能够集思广益，尽可能地把制度做到完美。项目一些有关安全的做法参见图7-5～图7-8。

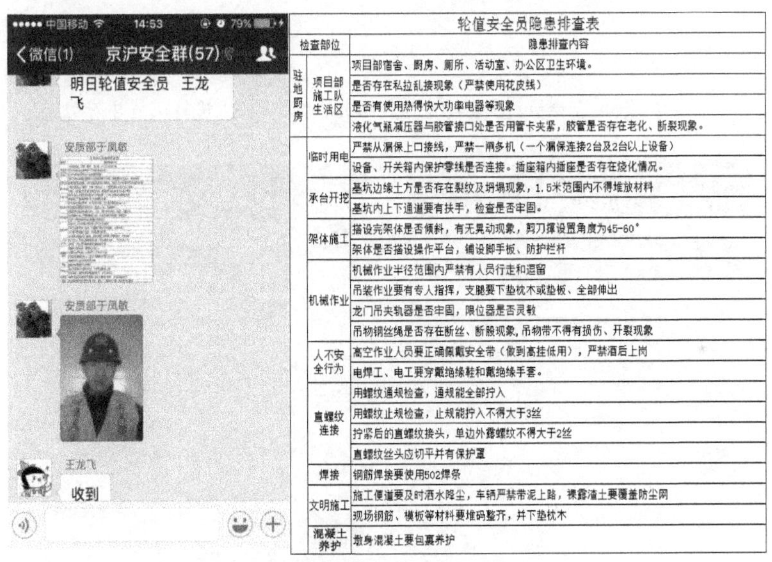

轮值安全员隐患排查表

检查部位		隐患排查内容
驻地厨房	项目部施工队生活区	项目部宿舍、厨房、厕所、活动室、办公区卫生环境。
		是否存在私拉乱接现象（严禁使用花皮线）
		是否有使用热得快大功率电器等现象
		液化气瓶减压器与胶管接口处是否用管卡夹紧，胶管是否存在老化、断裂现象。
	临时用电	严禁从漏保上口接线，严禁一闸多机（一个漏保连接2台及2台以上设备）
		设备、开关箱内保护零线是否连接。插座箱内插座是否存在烧化情况。
	承台开挖	基坑边缘土方是否存在裂纹及坍塌现象，1.5米范围内不得堆放材料
		基坑内上下通道要有扶手，检查是否牢固。
	架体施工	搭设完架体是否倾斜，有无晃动现象，剪刀撑设置角度为45-60°
		架体是否搭设操作平台，铺设脚手板、防护栏杆
	机械作业	机械作业半径范围内严禁有人员行走和逗留
		吊装作业要有专人指挥，支腿要下垫枕木或垫板、全部伸出
		龙门吊夹轨器是否牢固，限位器是否灵敏
		吊物钢丝绳是否存在断丝、断股现象，吊物带不得有损伤、开裂现象
	人不安全行为	高空作业人员要正确佩戴安全带（做到高挂低用），严禁酒后上岗
		电焊工、电工要穿戴绝缘鞋和戴绝缘手套。
	直螺纹连接	用螺纹通规检查，通规能全部拧入
		用螺纹止规检查，止规能拧入不得大于3丝
		拧紧后的直螺纹接头，单边外露螺纹不得大于2丝
		直螺纹丝头应切平并有保护罩
	焊接	钢筋焊接要使用502焊条
	文明施工	施工便道要及时洒水降尘，车辆严禁带泥上路，裸露渣土要覆盖防尘网
		现场钢筋、模板等材料要堆码整齐，并下垫枕木
	混凝土养护	墩身混凝土要包裹养护

图7-5 每日轮值安全员及检查明细表公示

图7-6 轮值安全员每日进行班前安全讲话

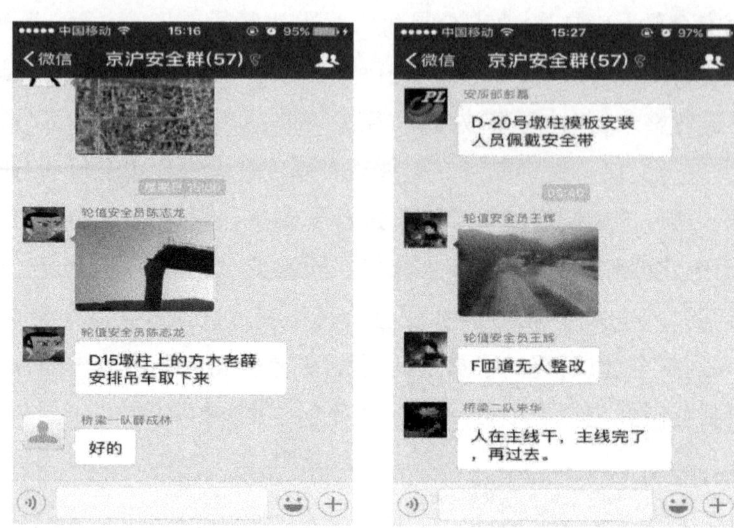

图 7-7　轮值安全员对安全隐患进行曝光,相关责任人进行回复并落实

图 7-8　项目经理通过安全微信群对项目安全管理情况进行实时监督

7.2.2　首件制

首件制是全行业正在推行的一项工作质量保证制度,在济南项目部,首件制并没有流于形式,而是确确实实地将项目部与各家协作队伍联系在一起,统一思路,合力做大事。在项目上,分部分项工程的首件开工之前,由项目总工组织,项目领导班子、各部室以及协作队伍负责人、施工班组一同召开施工首件会议(分为工序首件和图纸首件),会上由项目部对施工中的工艺要求、质量标准、安全事项、工期安排等事项向协作队伍进行详细安排,同时对施工队伍提出

的问题进行解答，会议议程直接高效，不走过场。首件施工中，各部门各司其职，对施工过程的各个方面进行客观地评估。施工完成后，召开首件施工总结会议，就首件施工中存在的问题进行总结，评估方案可行性，确定是否能够大范围推广。济南项目对首件制的执行落实，可以说抓住了制度制订的原始意图，不仅为后期施工提供了参考，同时相当于对施工队伍和项目员工进行了一次岗前培训，效果显著。项目推行首件制的情况参见图 7-9 和图 7-10。

图 7-9　召开图纸首件制会议

附件一：

项目首件制实施情况计划表

项目名称	京沪济南连接线项目部		
开工日期	2015.7.15	竣工日期	2018.7.14
计划编制人	[illegible]	编制日期	2015.9.15
项目总工	[illegible]	审核日期	2015.9.16

序号	单位工程	分项工程	子分项	"首件制"计划
1	[illegible]立交	基础与下部结构	桩基（凿桩、钢筋加工、钻孔灌注）	图纸首件、施工工艺首件
		基础与下部结构	承台（凿桩、钢筋、浇筑）	图纸首件、施工工艺首件
		基础与下部结构	扩大基础（凿桩、钢筋、浇筑）	图纸首件、施工工艺首件
		基础与下部结构	墩柱（凿桩、钢筋、浇筑）	图纸首件、施工工艺首件
		基础与下部结构	支座垫石	图纸首件、施工工艺首件
2	[illegible]立交	上部结构	支座安装	图纸首件、施工工艺首件
3	[illegible]立交	上部结构	现浇连续梁（地基处理、支架、模板、钢筋、混凝土及预应力张拉等）	图纸首件、施工工艺首件
4	[illegible]立交	通道、涵洞工程	K4+256 通道 [illegible]	图纸首件、施工工艺首件
5	[illegible]立交	路基工程	路基填筑	图纸首件、施工工艺首件
			路基挖方（含爆破）	图纸首件、施工工艺首件
6	[illegible]立交	路基防护工程	挡土墙	图纸首件、施工工艺首件
			拱形护坡	图纸首件、施工工艺首件
			喷混植生	图纸首件、施工工艺首件

注：图纸、施工工艺首件制会议计划于每个子分项工程开工前一周内完成。

图 7-10　首件制实施计划表

首件结束后全面进行总结，查找不足，分析原因，制定措施，全面推广，对方案及交底在实施过程中持续跟踪，并及时进行纠偏，深入协作队伍作业层进行再交底和教育，见图 7-11。

图 7-11　深入作业层进行再交底和教育

7.2.3 三检制

三检制包括班组自检、技术主管检查和质检工程师专检三个流程，是把控施工现场实体质量的重要手段。济南项目部将三检制的结果考核做成了自己的特色。为确保三检制落到实处，项目把班组自检后技术主管报验一次通过率作为月度评选“优秀班组”的主要依据；对技术主管的检查情况由总工进行不定期抽查，发现弄虚作假严肃处理；最后由质检工程师进行专项检查，合格后报监理检查并拍照。同时建立质量专项考核制度，提升质量管控积极性。项目部每周根据协作队伍“三检制”自检合格率进行考核，月度末汇总每周成绩并结合安全隐患整改完成率进行综合打分，于月度工程量计价时作为工程款拨付比例的依据。有奖有罚，不仅保证了工程质量，还激发了班组的工作热情，形成了各家队伍你追我赶的氛围，一举两得，大大提高了生产效率。

7.2.3.1 制度的运行

为保证施工质量，确保报验一次通过率，对技术主管的检查情况由经理或者总工进行不定期抽查，发现弄虚作假严肃处理；最后由质检工程师进行专项检查，合格后报监理检查并留存影像资料。三检制在施工过程中的落实情况见图7-12。

图7-12 三检制在施工过程中的落实

7.2.3.2　工序验收

为统一验收标准和突出过程控制重点，针对不同部位，细化到各工序，根据工序验收内容制定专用验收表格（包括验收内容和验收标准）（图7-13），验收人员只需对照表格逐项检查即可，既提高功效亦确保验收质量。

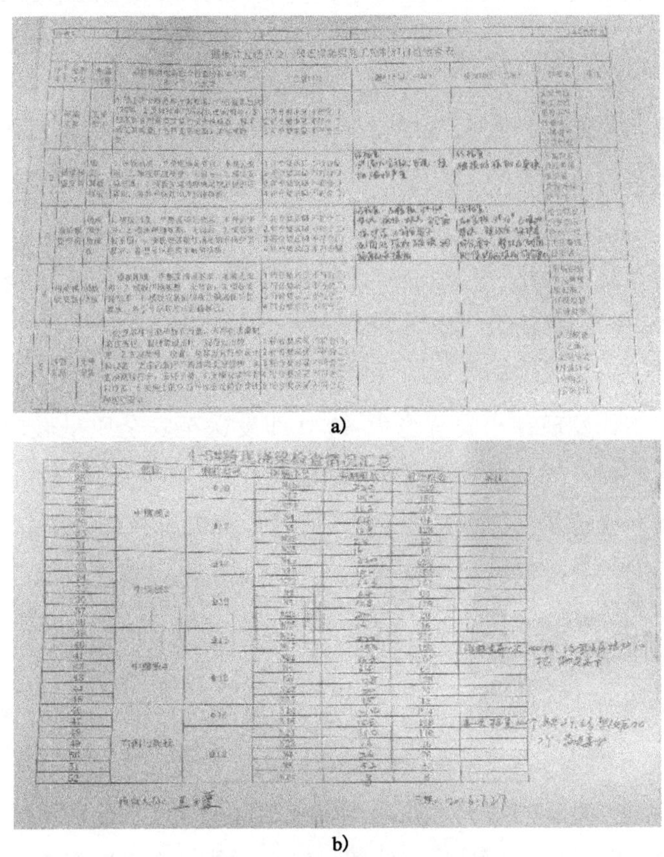

a)

b)

图7-13　工序验收专用表格

7.3　安全生产质量管理措施

为确保全局在建项目安全质量及施工管理等全过程处于可控状态，促进安全质量隐患排查治理的科学化、规范化、标准化、信息化，加大对安全生产管理工作的力度，减少、杜绝安全质量隐患，局开发了工程项目安全质量隐患排查治理系统平台。我项目根据局和公司的要求，认真组织排查，严格落实整改，加强安全管理执行度建设，并为了使项目管理与隐患排查系统更好的结合起来，根据项目特点，我项目创建了“轮值安全员”工作管理制度，提高项目员工参与安全质量管理积极性，并与协作队伍联动，确保项目安全质量可控，具体做法有以下几点。

7.3.1 周度危险源动态识别管理

随着施工进度的推进,项目施工内容不断增减,相应的危险源也会有增减。因此我项目部每周交班会后对本周施工内容所产生的危险因素进行辨识评价,经确定为危险源后,由安质部针对危险源控制措施编制当日轮值安全员安全检查项目,并在安全微信群中进行公示。

7.3.2 现场进行安全质量曝光

轮值安全员由项目生产部门全员及项目领导班子成员(项目经理除外)组成。当班的轮值安全员每天需开展班前安全讲话,锻炼员工口才及台上表达能力,且项目经理随机现场提问,由安全总监做最终解释,普及安全质量规范及知识。每日上午、下午均要根据排查表中的检查项目对项目及协作队伍驻地、施工现场区域进行安全质量检查,对检查结果(无论是否存在隐患)均拍照上传至安全质量微信群中进行曝光,对做得好的进行表扬,对存在的问题进行曝光整改。

在轮值检查过程中如发现存在安全隐患,应立即发送至安全质量微信群内(项目经理必须在群内并时刻进行监督点评),相关责任人必须进行回复响应,尤其是协作队伍负责人及现场主要管理人员必须回应落实,否则将对相关人员进行月度考核扣分处罚。在响应过后相关负责人负责落实整改并将整改后的影像资料上传安全质量微信群进行闭合。

7.3.3 整改情况影响计价付款比例

安质部每天对轮值安全员曝光的问题进行统计,每周对协作队伍隐患整改完成率进行统计,于每周交班会上进行通报,并根据此数据作为该队伍月度付款比例考核的依据,针对队伍存在隐患逾期整改甚至不整改的情况采取经济制裁的办法,使队伍负责人由被动接受变成主动整改,杜绝此恶性循环的情况出现,从而使项目安全质量管理走向正轨。

制度执行期间我们发现,在项目已设置安质部情况下再通过轮值安全员的视角进行二次监督,确保将现场存在的安全隐患全部暴露并落实整改,不留死角;项目员工充分体会到了想抓好项目安全管理工作确实有很多不易,需要各个方面共同配合才能达成安全生产这一最终目标。利用这种轮岗机制,给大家创造了一个换位思考的机会,也使项目管理人员在面对后续的安全管理工作时多了一份理解和支持,并可以将这种正能量传递整个项目部乃至协作队伍,营造安全生产从自身做起的良好氛围。

项目在根据生产现状配备足额安全质量人员后,又推出轮值安全员管理制度,为项目安全质量管理工作多投入一名管理人员,增加人员配备,使项目更好地开展安全质量管理工作,确保隐患排查治理工作的执行度,并将此执行力延伸至项目全体员工乃至协作队伍班组,使制度得到有效的落实,为项目安全质量管理目标的实现提供保障(图 7-14)。

一、周度检查考核通报（施工队）

队伍名称	队伍负责人	现场发现隐患条数	整改条数	本周整改完成率	第一周完成率	第二周完成率	第三周完成率	9月份月度整改完成率
河北华兴（桩基队）	万胜池	21	21	100	98	96	98	98
天津星昊（桥梁一队）	薛成林	30	28	93	100	99	100	98
天津顺雅（桥梁二队）	朱　华	28	27	96	99	98	95	97
阜阳永安（桥梁三队）	张　勇	34	31	91	88	97	92	92
榆林市万达（土方一队）	李世爱	12	12	100	100	100	100	100
吉林军辉（土方二队）	孟祥伟	16	16	100	100	100	100	100
山东鲁昊（爆破队）	李庆国	14	14	100	100	100	100	100

中铁四局集团京沪高速济南连接线一标

图 7-14　当月整改完成率作为验工计价款支付比例依据

7.4　员工人性化管理制度

长期以来，工地施工往往面临条件艰苦、工期紧张、任务繁重的困难，施工管理工作中，也经常会以工程建设为中心，而忽略了人性化管理，容易造成管理者与被管理者之间的矛盾，例如员工积极性不高、工作中相互推诿、部门间不能协调工作等问题。究其原因还是项目管理工作没有做好，缺少企业制度运行的良好氛围，尤其是员工对企业缺少认同感、自豪感，项目管理工作中应当以员工思想管理为中心，以人性管理为依托，努力培养员工对企业的感情。

项目从成立伊始，在项目基础建设和管理过程中，项目领导班子以人性管理为依托，以创建项目家文化为目标，一切本着从关心员工生活、关注员工思想动态、营造和谐环境为出发点，将尊重、关心、培养、支持、鞭策贯穿整个项目管理过程中，正是这种企业无处不在的温暖与关爱，成为凝聚员工、激励员工的最大动力，充分调动起了员工投身企业发展建设的主动性和创造性，对稳定员工队伍起到了关键作用，进一步增强了员工的归属感和企业的凝聚力。

7.4.1　改善员工生活条件

为改善员工生活条件，项目部每两位员工一个宿舍，宿舍面积约 $18m^2$。宿舍内取消高低床，统一使用木质单人床，宿舍内统一配置空调、床头柜、衣柜、鞋架、穿衣镜、写字桌；为项目双职工提供双职工宿舍，为探亲家属专门准备了探亲房间；为员工专门设置男女洗衣室，并配备数台全自动洗衣机。

项目领导亲自为员工制定菜谱，在满足员工多种口味的同时，满足员工营养需求，蛋、奶、肉成为员工每天餐桌上必不可少的菜品。

7.4.2 制定员工休假制度

为化解员工长期在外工作的思乡之情,项目管理中大胆提出了每两个月领导班子轮休3天、部门负责人轮休4天、普通员工轮休5天,双职工员工每季度轮休6天的“3456”轮休制度,并作为项目基本制度长期坚持。

7.4.3 促进员工不断发展

项目领导班子深知团队协作的重要性,立志要带好团队,使团队中每名成员快速成长,坚持在“强本”上下功夫,在“完善”中建长效,在“规范”上抓水平,帮助员工规划职业生涯,并根据每个员工不同的特点为其规划今后发展方向,积极支持员工参加各项学习和培训,不拘一格地为公司培养人才;项目内部两个队部开展互比互看,协作班组开展擂台赛,促进小范围团队的凝聚力,整个团队形成比、学、干、帮、超的良性氛围。

项目部坚持以人性管理为依托,也对项目管理产生了积极的影响。

首先,以人性管理为依托,增进了项目领导班子与普通员工间的互动,充分调动了项目员工的积极性和主动性,实现队伍管理效率最大化。

其次,项目以人性管理为依托,将领导班子与职工之间因工作产生的矛盾降低到最小程度,使员工和领导班子之间彼此更加信任、理解和支持,确保整个项目的和谐稳定。

再次,项目以人性管理为依托,有利于提升员工的自我管理、自我约束意识,充分调动员工自身积极因素,实现员工由被动服从管理向主动服从管理的转变。

参 考 文 献

[1] 贺其军.爆破工程安全风险管理探析[J].中小企业管理与科技(上旬刊),2014(1):93-94.

[2] 李浩.爆破工程安全风险源管理探析[J].工程技术:全文版,2016(7).

[3] 余刚.爆破工程安全风险管理的探究[J].住宅与房地产,2016(10X).

[4] 张正疆.浅谈公路工程施工管理技术[J].商品与质量:房地产研究,2014(2).

[5] 虞贵期.复杂环境条件下多座桥梁交叉施工技术研究[J].市政技术,2016,34(s2):90-93.

[6] 邹建波.GPS-RTK在桥梁施工放样中的应用[J].工程技术:文摘版,2016(3).

[7] 刘秀瑕,魏国俊.论GPS测绘技术在工程规划放样中的应用[J].城市建设理论研究:电子版,2012(5).

[8] 高子云,何其贵.浅谈GPS(RTK)在工程放样的应用[J].广东科技,2012,21(21):136-137.

[9] 韩喜胜,王临田,张春生,等.水文井钻探施工中几种钻进方法的比较[C]//全国煤炭地质钻探研讨会论文集.2007.

[10] 贾雪东.正循环冲击钻成孔灌注桩施工质量控制[J].交通世界,2011(8).

[11] 刘玉涛,李小玥,楼国栋,等.一种超重梁支模结构:,CN 103821349 A[P].2014.

[12] 王晓茹.现浇箱梁模板与支架设计及施工质量控制研究[D].吉林大学,2012.

[13] 刘坚.基于结构极限承载力的轻型钢框架结构的计算理论及应用研究[D].重庆大学,2003.

[14] 黄建西.桁架式模板支撑体系在大荷载转换梁模板施工中的应用[J].四川建筑,2012,32(4).

[15] 丛学富,陈士玲,陈士伟,等.现浇钢筋砼楼板施工早拆组合模板的应用[J].科技信息:学术研究,2007(16).

[16] 陈小莹.高低压开关柜接地保护探析[J].中国高新技术企业,2014(4).

[17] 刘永刚.高低压开关柜接地保护装置及其应用分析[J].科技展望,2016,26(18).

[18] 邹积玉.高低压开关柜接地保护探析[J].科技致富向导,2015(6).

[19] 高立鑫,曲鹏,宋力勋,等.BIM技术在城市互通立交设计应用研究[J].建筑工程技术与设计,2015(18).

[20] 王珏.建筑信息模型(BIM)在互通式立交设计中的应用研究[D].东南大学,2015.

[21] 刘宇闻,叶春,陶聪.BIM技术在立交改造工程全生命周期的应用研究[J].施工技术,2017(s1).

[22] 徐世杰.基于BIM技术的项目建设管理应用研究[D].浙江工业大学,2015.

[23] 卢占明.BIM技术在建筑设计、项目施工及管理中的应用[J].住宅与房地产,2017(9).

[24] 朱少君.将BIM技术应用于建筑专业识图教学的思考[J].泰州职业技术学院学报,2016,16(6).

[25] 刘月军,刘钫,崔岩,等.BIM技术在施工过程中的应用[J].天津建设科技,2017,27(2).

[26] 鲍鹏玲,张玉辉.房屋建筑结构三维信息模型集成的BIM方法研究与应用[J].信阳师范学院学报(自然科学版),2016,29(4).

[27] 李峥.BIM技术在施工方案优化中的应用研究[J].建筑工程技术与设计,2016(36).

[28] 张健.浅谈BIM技术在施工组织协调管理中的应用[J].中国科技纵横,2015(24).